捧 读

触及身心的阅读

尹高洁 著

史记这么读才有趣

郑国崛起

贵州出版集团
贵州人民出版社

图书在版编目（CIP）数据

史记这么读才有趣. 郑国崛起 / 尹高洁著. -- 贵阳：贵州人民出版社，2024.5
ISBN 978-7-221-18356-9

Ⅰ.①史… Ⅱ.①尹… Ⅲ.①《史记》- 通俗读物 Ⅳ.①K204.2-49

中国国家版本馆CIP数据核字(2024)第100810号

SHIJI ZHEME DU CAI YOUQU·ZHENGGUO JUEQI
史记这么读才有趣·郑国崛起
尹高洁 著

出 版 人	朱文迅
策划编辑	张进步
责任编辑	黄 伟
装帧设计	吉&果
责任印制	刘洪鑫
出版发行	贵州出版集团　贵州人民出版社
地　　址	贵阳市观山湖区中天会展城会展东路SOHO公寓A座
印　　刷	宝蕾元仁浩（天津）印刷有限公司
版　　次	2024年5月第1版
印　　次	2024年5月第1次印刷
开　　本	880毫米×1230毫米　1/32
印　　张	8.25
字　　数	235千字
书　　号	ISBN 978-7-221-18356-9
定　　价	36.80元

如发现图书印装质量问题，请与印刷厂联系调换；版权所有，翻版必究；未经许可，不得转载。

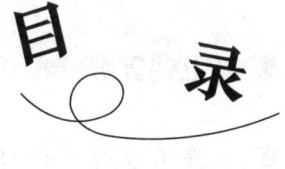

第一章	郑国崛起	☆	我只玩以小博大的游戏	001
第二章	寤生克段	☆	等你造反等到花儿都谢了	017
第三章	周郑交质	☆	互换儿子，这太不可思议了	035
第四章	州吁弑君	☆	从那天起，走上一条不归路	041
第五章	谈笑东门	☆	吃瓜的散了吧，这仗打不起来	049
第六章	大义灭亲	☆	给个机会，我想做个好人	057

第七章	新台之变	☆	离大谱，儿媳妇变媳妇儿	063
第八章	卫朔复辟	☆	令人大无语的伦理事件	079
第九章	复仇之战	☆	别急，秋后算账一个个来	093
第十章	三国联盟	☆	这个老大，还是我来当的好	103
第十一章	周郑交恶	☆	跟我斗，你还嫩点儿	111
第十二章	讨伐不庭	☆	弄假成真，这事儿我熟	119

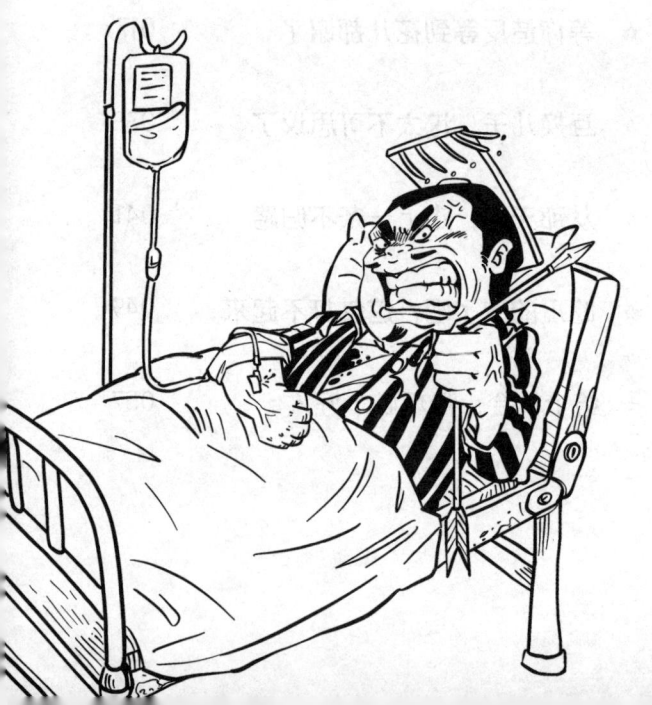

第十三章	鲁允弑兄	☆	大哥，是你逼我动手的	133
第十四章	华督之乱	☆	只是在人群中多看了你一眼	141
第十五章	曲沃反翼	☆	你不懂，这是我们的梦想	152
第十六章	周林制郑	☆	爷爷，其实我是有手段的	162
第十七章	秦国崛起	☆	为了这一天，我等了一百多年	167
第十八章	繻葛之战	☆	这辈子射出的最牛的一箭	186

第十九章	熊通称王	☆	别拦我，我要当大哥	194
第二十章	郎邑之战	☆	功劳我最大，凭啥封赏我最少	205
第二十一章	八世之仇	☆	报仇，一个灭你的借口	211
第二十二章	祭足专权	☆	为他人作嫁衣，大抵如此吧	230
第二十三章	熊通之死	☆	无敌是多么寂寞啊	243

第一章

郑国崛起

我只玩以小博大的游戏

◉

当年那场天崩地裂的镐京之变，如果你还有印象的话，应该还记得一个情节：镐京被犬戎攻破后，周宫湦仓皇逃往骊山。在逃亡途中，有一个大臣忠心护主，奋勇杀敌，最终寡不敌众，不幸壮烈牺牲。

那个为保护周宫湦而死的忠臣，就是司徒郑友。

郑友是周宣王周静同父异母的小弟弟。在他还年轻的时候，他的名字叫周友。当然，因为他是周厉王周胡的小儿子，大家都尊称他为"王子友"。

周友年轻的时候，不仅长得帅气，还特别有才气。周静特别喜欢这个小弟弟，他即位后，不管是去打猎，还是去祭祀，都会带着周友。

有一年，周静率领宗室臣僚们，浩浩荡荡，行程九百多公里，去泰山祭山。

祭山活动的组织者，就是周友。

这次祭山活动完成得非常圆满，周静相当满意，为了表彰周友在组织工作上的优异表现，他大手一挥，就把祭山的所在地——祊地（bēng，今山东省费县东）赏给了周友，并明确指出，这是给你用来洗澡的地方（汤沐邑）。

事实上，周天子经常会赏赐王公贵族汤沐邑，但周友的这座汤沐邑与众不同，因为它拥有一个特殊的功能：代表天子祭祀泰山。

由此可见，周静是何等地喜爱并信任这个容貌与智慧并存的小弟。

公元前806年，对周友来说，是人生中的一个重大转折点。

因为在这一年，周静把位于王畿内的郑地赏给了他。郑地在政治上的意义非同小可，因为它在周穆王、周共王时期，曾是大周王朝的王都（南郑）。

周友在郑地建立了郑国，是为郑桓公。

当时以国为氏，从现在起，我们应该改叫他郑友了。因为郑友是伯爵，所以历史上称呼他"郑伯友"。

这个时候的郑国领土面积相当小，就是一座城邑，加上周边一些农村。

其实，每个诸侯国在刚刚建立的时候，领土面积都很小，但有的诸侯国经过几代国君的努力，领土面积扩大了好几倍，综合国力更是强大，比如齐国、晋国。

所以，郑友并没有因为自己的封国很小而沮丧，他深信，只要自己励精图治，终有一天也能将郑国发展成像齐国、晋国那样强大的诸侯国。

他沉下心来，认真地治理自己的封国。

他在郑国施行了仁政。老百姓有吃有穿，过着比较安稳的生活。

毫无疑问，他受到了郑国上下所有人的爱戴。

公元前774年，周宫湦任命叔叔郑友为司徒，也就是首辅大臣。

换作一般人，当上首辅大臣，肯定高兴坏了，回去就开派对庆祝。

但郑友是个例外。接受任命后，他一脸严肃，内心沉重无比。当别人向他表示祝贺的时候，他却谦虚地摆手，然后迅速离去。回到家，把大门一关，不接受任何人的拜访。真是要有多低调就有多低调。

因为他知道，这个时候担任这样一个重要官职，对他来说是一个巨大的挑战。

众所周知，周静执政后期，昏聩无比，滥杀大臣，导致诸侯离心，整个大周王朝其实已经处于风雨飘摇之中。

周宫湦即位后，整天沉湎酒色，不理朝政，还任用了一帮奸臣，加重对贵族与平民的剥削。百姓怨声四起，诸侯们背离之心更甚。

作为首辅大臣，郑友经常苦口婆心地劝谏这个年轻的侄子，要勤于政事，但侄子压根儿不听。

之前，好几个劝谏周宫浬的大臣，不是被吓得逃亡他国（赵叔带），就是被关禁闭（褒珦），朝堂上下几乎没人敢发声了。

说实话，要不是看在郑友是亲叔叔兼首辅大臣的分儿上，估计周宫浬也会赏郑友一碗牢饭。

郑友仰天长叹，只能默默地做一些分内的事。

事实上他做得还是不错的，在王畿范围内，他采取的一些安抚措施，得到了周民的心。

如果说他在刚刚上任的时候，还有一腔拯救大周王朝的雄心壮志的话，那么，过了一年之后，他却快要绝望了。

衰弱的大周王朝即将陷入崩溃！

历史的车轮滚滚向前，不是他一个人的力量可以阻挡的。

这是天命。

当郑友深刻地意识到，仅凭自己的力量无法挽救大周王朝时，他就把重点关注的对象转向了自己的封国。

这是他的一点私心。

镐京距离郑国只有短短的九十公里。一旦镐京有变，郑国只怕会成为被殃及的池鱼。

如何让郑国躲避那场可能到来的大灾难呢？

郑友苦思良久，却没有良策。

他决定去向王室最博学、最有智慧的太史伯请教。

太史伯平素跟郑友交情不错，他认真推演了一番之后，送郑友两个字：迁国。

不是迁都，而是迁国，就是把整个封国迁到别的地方去，这样郑国就能完美地躲开将来可能到来的大灾难。

郑友浑身一震，多年的从政经验和直觉告诉他，迁国是当前拯救郑国最好的办法。

他立刻就问:"那我应该迁到哪里去呢?"

太史伯告诉他:"你应该迁到洛河以东,黄河、济水以南。"

郑友问:"为什么是那个地方?"

太史伯说:"因为那个地方邻近东虢国(今河南省荥阳市东北)和郐国(今河南省新密市东南)。您如果向天子请求迁到那里,虢、郐的国君看到您还在司徒的位子上执掌大权,就一定会答应分给您一些土地。"

紧接着,太史伯诡秘一笑,压低了声音,说:"东虢国和郐国两位国君,都是贪婪好利之徒,百姓都不亲附他们。而您德高望重,天下百姓都爱戴您,您把郑国建在那个地方,用不了多久,虢、郐两国的百姓就会变成您的百姓了。"

太史伯这句话的意思相当露骨:您把郑国迁到那里之后,寻找时机,直接把东虢国和郐国吞并。

郑友意味深长地看了太史伯一眼。

他决定,马上照太史伯的方案去执行。

郑友向周宫湦提出请求,允许自己把郑国的百姓悉数迁到洛邑以东的地方。

至于迁国的理由,他当然不会说害怕王室有变,去躲避灾难。他的理由光明正大,完全是站在周王室的立场上来考虑的:郑国迁过去后,就可以加强对东都洛邑的拱卫,并代表周王室加强对中原地区的控制。

他的请求很快得到了周宫湦的批准。

手持天子的御批,郑友马上派儿子郑掘突带上丰厚的礼物,去向东虢国、郐国借地。

说是借,其实是强取豪夺。

郑友是天子的叔叔,又是当朝首辅大臣,地位崇高,权势隆盛,虽然东虢国、郐国一万个不情愿，但是迫于现实，只好无奈地各自献出五座城池。

很快，郑友就把原来郑地上的百姓和财产都安置在虢、郐之间的京邑（今河南省荥阳京襄城）。

这就是历史上著名的"桓公寄孥"。

就在郑友迁国两年后，也就是公元前771年，爆发了镐京之变。

郑友为掩护周宫湦撤退，亲自断后，与西戎军进行了殊死搏斗，最终力战而死。

对大周王朝，他的确已经尽力了。

临死前，最令他感到欣慰的是，他有一个才略不输于他的好儿子郑掘突，他相信儿子一定会把郑国做大做强。

镐京之变后，郑掘突在臣子们的拥立下，以太子的身份，在京邑即位为郑国第二任国君，是为郑武公。

郑友在生前就制定了一个庞大的强国战略：东扩。

在郑友的东扩战略中，洛邑以东的东虢国、郐国及其他几个小诸侯国，全部都在郑国的吞并计划中。

只不过，由于时局动乱，身为朝廷首辅大臣的郑友根本没有时间和精力来亲自实施这个战略。

现在，郑掘突即位了，他马上着手执行老爹的东扩战略。

要想顺利地执行东扩战略，就必须得到天子的支持。

郑掘突内心深深地仇恨那个里通外国、谋朝篡位的周宜臼，因为老爹就是死在周宜臼的盟友西戎手中。

同样仇恨周宜臼的，还有虢鼓的儿子虢翰。

虢翰毅然决然地选择拥立周宜臼的叔叔周望为天子。

如果按照正常的复仇情节，郑掘突也应该选择支持周望。

但是，郑掘突在权衡了所有的利弊之后，最终选择支持周宜臼。

抛下私仇，只为了郑国的发展！

当郑掘突做出这个抉择之后，他已然是一个可怕的政治家。

他率领一支精兵，从京邑出发，来到镐京，然后亲自护送周宜臼到申国平阳。

对于郑掘突这种公而忘私的忠君之举，周宜臼和他的外公申侯都无比感动。

很快，周宜臼就发布了一道他即位以来最重要的人事任命：郑掘突担任司徒。

不管此时的周宜臼在天下诸侯里是多么地不受待见，但他仍然是天子。

有了天子的支持，大周王朝的司徒大人郑掘突就可以名正言顺地实施他老爹生前制定的那个伟大的东扩战略了。

东扩战略的第一步，就是吞并距离京邑仅仅四十公里的郐国。

郐国是西周初期建立的诸侯国，位于中原腹地，本身就担负着拱卫东都洛邑的战略重任。经营了将近三百年，论实力，郐国远比刚刚迁到中原的郑国强大。

如果抡起胳膊现在就硬打，郑国根本打不过郐国。

在郑掘突看来，郐国之所以强大，是因为郐国有大量有才能的文臣武将。如果能借助郐国国君之手，将那些文臣武将除掉，就必定能削弱郐国的力量。这样，郑国就能轻松灭掉郐国。

想法很美好，但是真要实施起来，难度却是相当高。

这需要制订周详的计划，更重要的是，还需要一个长袖善舞、有着丰富的表演才华的天才去实施。

幸运的是，郑掘突找到了这个天才。

这个天才带着他神圣的使命，来到了郐国。他用他那高明的政治见解和滔滔不绝的口才，赢得了郐国国君的好感和信任。

很快，他就跟郐国的文武大臣打成了一片。

更重要的是，他还利用他英俊的容貌、翩翩的风度、壮硕的胸肌，搞定了一个重要人物——邻国国君的宠妃叔妘。在他迷魂汤般的蛊惑下，叔妘对他言听计从。

看到时机已经成熟，他拟定了一份盟书，将邻国那些最有才能的文臣武将的名字写在盟书上，并在盟书上浇上牲口的血。

然后，他把这份伪造的盟书，悄悄埋藏在邻国都城城门外的一个坑里。

随后，他就向邻国国君告密，说邻国某些大臣偷偷跟郑国勾结，准备跟郑国里应外合，灭掉邻国。

很快，那份盟书就被侍卫从城门外挖了出来，呈给了邻国国君。

邻国国君勃然大怒，当即起了杀心。

不过，邻国国君随即却冷静了下来，他觉得这个事很蹊跷。

正在邻国国君犹豫不决的时候，天才手中最重要的棋子叔妘出马了。

叔妘使劲在邻国国君耳边吹软风，劝他宁可信其有，不可信其无，应该果断地对那些在盟书上有名字的大臣痛下杀手，以消除邻国亡国之患。

邻国国君听从了叔妘的建议，以迅雷不及掩耳之势，杀掉了那些一向忠于他的文臣武将。

杀戮一起，整个邻国人心惶惶，贵族和百姓纷纷逃往国外，邻国国力以肉眼可见的速度衰弱下去。

公元前769年，郑掘突亲自率领郑国最精锐的部队，以闪电般的速度突袭邻国。一天之内，邻国都城就陷落了。

灭掉邻国之后，郑掘突的下一个目标，就是距离京邑更近的东虢国。

当年周发称帝后，封了两个虢国，把三叔虢叔封到今河南省荥阳市，是为东虢国；把二叔虢仲封到今陕西省宝鸡市，是为西虢国。

在周厉王、宣王之时，西虢国迁到了今河南省陕县，是为南虢国。

两个亲兄弟的诸侯国，原本隔着六百公里，平常联系可能不大紧密。现在，两国只相距两百三十公里，彼此之间必定加强了政治联系。

镐京之变后，两个兄弟国做出了截然不同的政治选择：南虢国支持的是周望，东虢国支持的是周宜臼。

但是跟南虢国坚定不移地支持周望不同，东虢国是有些摇摆不定的。

所以，周宜臼从来都没有真正把东虢国视为自己的支持者。

周宜臼的心理，被郑掘突拿捏得死死的。

既然连周宜臼都不喜欢东虢国，而东虢国正好又在自己的东扩计划之中，那么，吞并东虢国就变得更加顺理成章了。

虽然吞并了郐国，但郑国总体实力仍然不强，若直接跟东虢国开仗，谁输谁赢都很难讲。更何况，就算最后打赢了，郑国也必将付出惨重的代价。

用最小的代价，去赢得最大的胜利，这是郑掘突一贯的作风。

而要用最小的代价灭掉东虢国，最好的方式，就是使用谋略。

郑掘突正好是那个年代最杰出的谋略家。

上次灭掉郐国，郑掘突手里最好的一枚棋子，是郐国国君的宠妃叔妘。

这次，郑掘突手里最好的棋子，不是别人，正是他的顶头上司——天子周宜臼。

公元前767年，郑掘突以首辅大臣的身份，建议周宜臼去东虢国视察防务工作。

这年的周宜臼还是一个读书的少年郎。对于郑掘突的任何建议，乖巧懂事的周宜臼都不能不听。

郑掘突亲自护送周宜臼来到东虢国。

天子到来，东虢国自然不敢马虎，在都城城门外，东虢国国君虢叔为周宜臼举行了极其隆重的欢迎仪式。

郑掘突那双鹰鹫般的眼睛，在一旁冷冷地盯着虢叔。

欢迎仪式进行到高潮时，所有人都沉浸在热烈喜庆的氛围中，东虢国所有军民都放松了警惕，这时郑掘突发出了一道指令。

突然之间，一支最精锐的郑国军队，以闪电般的速度攻破了城门外东虢国的一支防务军队。整个热闹喜庆的欢迎仪式，顷刻间变成了一个血肉横飞的杀戮场。

随即，郑军占领了东虢国都城制邑（今河南省荥阳市汜水镇），不久之后，完全控制了整个东虢国。

可怜的虢叔，在错愕惊恐之中，被杀了。

灭掉东虢国之后，在接下来短短四年左右的时间里，郑掘突又使用各种谋略，以秋风扫落叶之势，吞并了周边的鄢、蔽、补、丹、依、䣅、历、莘八个附庸国。

至此，郑国成为东都洛邑附近最强大的诸侯国。

郑掘突的东扩战略是得到周宜臼的支持的。

但是，作为天子，他并不希望郑国无限扩张，那样势必会对王室的统治造成极大的威胁。

公元前764年，周宜臼十四岁。

十四岁的周宜臼，比之前强硬了许多。

他明确要求郑掘突把虎牢以东（今河南省荥阳市西北部）的土地，全都还给周王室。

因为在这里，有一座天下闻名的重要关隘，就是虎牢关。

虎牢关南连嵩岳，北濒黄河，山岭交错，自成天险，是阻挡外来势力入侵东都洛邑最重要的军事防线。

郑国的势力范围，只能在这道防线以外，而不能越过这道防线。

对于如此重要的军事战略重地，郑掘突当然不想归还。但他是周宜臼的直接下属，不能不给领导面子；再说了，以后郑国要想继续扩张，必须得到周宜臼在政治上的大力支持。

为了顾全大局，郑掘突还是把虎牢以东的土地归还给了王室。

由于郑国都城京邑距离虎牢关太近，郑掘突不得不迁都。

他把都城迁到了原来的邻国都城，并把新都取名为新郑。

新郑，在接下来的三百八十九年里，一直作为郑国的都城，巍然屹立在中原大地上。

把虎牢以东的土地还给王室之后，郑掘突继续马不停蹄地开疆辟土。

这一次，他把目光瞄准了距离京邑二百公里外的胡国（今河南省漯河市舞阳县）。

还是原来的配方，还是原来的味道。

权谋！

这次，郑掘突祭出了两枚重要的棋子。

第一枚棋子，是他的宝贝闺女。

作为父亲，郑掘突一定很爱他的闺女。但是，对于郑掘突这样一位为了郑国的利益，可以把仇敌奉为领导的政治家来说，也可以为了郑国的利益而把闺女牺牲掉。

他把亲爱的闺女嫁给了胡国国君胡还。

灭掉十国后，郑国的领土已经与胡国接壤。

胡还不是傻子，他知道，郑掘突的魔爪随时都会伸向胡国。

所以，在胡国边境，驻扎着大量的边防军。

迎娶郑国公主之后，郑国、胡国之间自然就结成了亲密友好的合作伙伴关系。

但是，胡还丝毫都没有放松对郑国的戒备。

他命令，胡国边境的边防军，继续保持警惕。

岳父大人的凶狠毒辣,他是相当了解的。

老婆?糖衣炮弹而已!他岂会因为一个女人而中计?!

郑掘突对胡还的了解,比对自己的闺女还深刻。

他当然知道,凭借一个闺女,还不足以完全卸掉胡还的戒备心。

所以,他微微一笑,祭出了第二枚棋子。

这枚棋子,不是他的直系亲属,而是他的当国(首席执政大夫)关其思。

三国里有一个十分重要的人物,那就是跟"卧龙"诸葛亮齐名的"凤雏"庞统。

在央视版的电视剧《三国演义》里,庞统是在不知情的情况下,中了刘璋军队的埋伏,被乱箭射死。

或许是觉得庞统这么厉害的人物死得太过窝囊,对不起他"凤雏"的高贵身份,导演高希希通过改编,让庞统的死法变得高级起来。

在高希希执导的电视剧《新三国演义》里,刘备满心想吞并益州,但又顾虑益州之主刘璋跟自己同是汉室宗亲,攻打益州没有说得过去的理由。庞统为了报答刘备的知遇之恩,勇敢地做出了自我牺牲:他率领一支军队,故意中了刘璋军队的埋伏,被乱箭射死。这下刘备有了攻打益州的最佳理由:为我军师报仇!最后,刘备顺利占领了益州。

在我看来,关其思就像《新三国演义》里的庞统,是为了报国而牺牲自己的大臣。

关其思辅佐郑友、郑掘突两代国君,为郑国的发展做出了卓越的贡献。

这个时候的关其思,年纪应该很大了,估计身体也不大好。

当他看到郑掘突为吞并胡国而日夜犯愁的时候,便献出了一个计谋,只要使用这个计谋,一定能顺利拿下胡国。

只不过，这个计谋需要牺牲关其思自己。

郑掘突之所以能顺利吞并十国，靠的就是一帮为他出谋划策的大臣，他爱护他的臣子，甚至远胜过他的闺女。

而关其思更是郑国的柱石，是他最信任、最为倚仗的重臣。

当听到这个计谋之后，郑掘突很是震惊，刚开始的时候，他不同意这个计谋。

但是，最终，他被关其思说服了。

一切，为了郑国的发展和强大！

所以，接下来，君臣二人，就上演了一出完美的"二人转"表演。

这一天，在朝堂之上，郑掘突召开了一个会议。

会议的议题是：下一个攻伐的对象应该是哪个诸侯国？

关其思第一个就提出："应该攻伐胡国。"

郑掘突假意勃然大怒："胡国，是我女婿的——不，其实我一直以来都把胡国当作我的兄弟国。你居然让我去攻伐我的兄弟国！"

虽然你关其思功劳甚大，但是你挑拨离间我跟兄弟国的关系，也饶你不得。

盛怒之下，他下令，立斩关其思。

即使所有的大臣跪在地上为关其思求情，他也没有改变斩杀关其思的旨意。

关其思，就这样死了。

郑国所有的大臣，看着高高挂在旗子上的关其思的头颅，脸上全都露出了怜惜且悲愤的表情。

胡还终于被打动了。

关其思是谁？郑国首席执政大夫！为郑国的发展立下汗马功劳的重臣！

现在，为了维护郑国与胡国之间友好的合作伙伴关系，郑掘突竟然毫不犹豫地杀掉了挑拨离间的关其思。

可见岳父大人是何等重视与胡国的友邦关系啊！

胡还内心对郑国的警惕防备之心，在那一瞬间，松懈了下来。

他下令，胡国边境的军事防御等级，从一级下降到三级。

旨意一下，胡国边防军休假的休假，请假的请假，整个边境从一个军事战略重地变成了一个热闹非凡的度假胜地。

公元前763年，郑掘突派遣一员大将，率领郑国最精锐的一支军队，迅速突破了胡国的边境，并闪电般地袭击了都城。

一天之内，胡国都城就沦陷了。

吞并胡国之后，郑国领土进一步扩张，再加上郑掘突周王朝司徒的身份，此时此刻，郑掘突俨然成了中原诸侯的领袖。

郑掘突的事业达到了巅峰。

毫无疑问，郑掘突对现在的状况是相当满意的。

但是，他内心仍然有着一个巨大的遗憾。

这个遗憾就是：他还没有儿子。

作为一个诸侯国的君主，将来没有儿子去继承自己的事业，这是相当致命的。

而他的原配夫人，又早已去世。

所以，这个时候，朝廷上下，都开始为郑掘突的终身大事忙碌起来。周王室辖下最有权势的诸侯国，除了郑国，还有西申国。

只有强强联手，才能雄霸天下。

公元前761年，西申国把一名年轻的公主嫁给了郑掘突。

申国是姜姓，因郑掘突死后谥号是"武"，所以，历史上，郑掘突的第二任夫人被称为"武姜"。

武姜的肚子相当争气，她连续生了两个儿子。

郑掘突的大儿子，名叫郑寤生。

这是一个天不怕、地不怕的混世小霸王。

春秋，是一个霸主频出的时代。

我们对所谓的"春秋五霸"耳熟能详，但是，追溯春秋争霸真正的起源，却是从郑寤生开始的。

第二章

寤生克段

等你造反 到儿等 花都谢了

◉

我们都知道，在《红楼梦》里，贾母有两个儿子——老大贾赦、老二贾政。贾母明显比较偏心贾政，一直跟着贾政过日子，把贾赦远远地打发到别院去住，平常压根儿不想见到他。贾赦心里很不平衡，趁着一次敬酒的机会，暗讽老娘：偏心不要太严重！

偏心太严重，后果很严重。

不知道天下当母亲的，是不是多半都比较宠爱小儿子？

武姜是郑寤生和郑段兄弟俩的亲娘。她是一个极其宠爱小儿子的母亲，她对小儿子的宠爱，已经超出了普通人可以理解的范畴。

因为，她居然想杀掉大儿子，改立小儿子为太子。

因此郑寤生经常痛苦地思考：妈呀，我到底是不是您亲生的啊？难不成我是您从垃圾桶里捡来的？

武姜之所以不待见大儿子，只有一个原因：生大儿子的时候，自己因难产差点儿挂掉。

那个年代没有剖宫产，孕妇一旦难产，死亡的概率极其高。

我们完全可以想象，难产的武姜经历了一段多么生不如死的生产过程。

武姜还算幸运，她最终生下了儿子，母子平安。

换作一般的母亲，经历了一场生死劫难后，必定对这个儿子倍加珍爱。

但武姜不是一般的母亲，她对这个差点儿把自己害死的儿子无比憎恨。

为了表达对这个大儿子的憎恨，她给大儿子取名"寤生"，意思简单明了，就是"难产生出来的"。

郑掘突对此并没有表示反对。寤生就寤生，可以让这孩子长大后

时时提醒自己生下来很不容易，好好珍惜世上的一切。

对于郑段，武姜却是无比的珍爱，视作心肝宝贝，捧在手里怕摔了，含在嘴里怕化了。

原因也很简单，郑段是顺产的。也就是说，郑段这小子的出生，并没有给武姜带来多大的痛苦。

周朝是嫡长子继承制，这意味着，难产而生的郑寤生从一开始就注定是郑国君位的合法继承人。

郑掘突很早就把大儿子立为了太子。

武姜对此很不满，她一门心思地希望老公改立小儿子为太子。

作为郑国英明神武的一代君主，郑掘突很痛快地送给了老婆两个字：休想！

当年郑友之所以被杀，就是因为周宫涅废嫡立庶，引起了申侯的叛乱。

历来无论是废嫡立庶还是废长立幼，都是国家取乱之道，郑掘突很明白这个道理。

那场流血政变才过去多少年，难道咱们郑国也要重蹈周朝的覆辙？

——不，我绝对不会让这种事情在郑国发生！我也绝对不会做第二个周幽王！

公元前744年，当了二十七年国君的郑掘突一病不起。

武姜知道，小儿子的机会来了。

她跪在病榻前，再次向郑掘突提出了那个压抑已久的诉求："夫君啊，算我求你了，你改立段儿为太子，好不好？"

郑掘突虽然病重，但难能可贵的是，他仍然保持着清醒的头脑。

他当着托孤大臣和老婆、儿子的面，语气坚定地说道："你们听着：郑寤生，我的大儿子，他就是我郑掘突唯一的合法继承人，郑国的第三任国君。这一事实绝不容更改！我死之后，郑寤生立即即位！"

郑掘突这一道铿锵有力的遗言，将郑寤生稳稳地送上了郑国国君的宝座。

武姜输了。但性格强硬、作风强悍的她并没有彻底放弃。

身为郑寤生的亲娘，她知道，只要自己不死，小儿子就还有机会。

虽然那个机会很渺茫。

她发誓，一定会创造各种条件，为小儿子最终登上郑国国君的宝座之路做好铺垫。

这成了她接下来整个人生的信念。

这成了她活下去的动力。

她将用她的实际行动，向世人展示，她的母爱有多么伟大。

公元前744年，郑寤生刚刚即位，武姜便向他提出了一个要求。

这个要求当然是为小儿子提的。

她要求郑寤生赏给亲弟弟一块比较大的封地。

并且，她强烈要求郑寤生把制邑赏给郑段。

郑寤生很是犹豫。

此时的郑寤生年方十三岁。

十三岁的少年，搁现在也就读初中一年级，刚刚告别六一儿童节。

但是十三岁的郑寤生，从小在东宫长大，博览群书，熟知政事。他已经可以比较成熟地处理国家大小事务了。对于郑国的每个城市，他都了如指掌。

制邑是当时郑国的大城市，地势险要，易守难攻，具有极其重要的军事战略地位。制邑原本是东虢国的都城，郑掘突在位时，把东虢国灭掉，制邑自然也就并入了郑国。

东虢国之所以被郑掘突轻松灭掉，有一个很重要的原因，就是末代国君虢叔倚仗制邑险要的地势，不思进取，不修德政。不承想，郑掘突以天子周宜臼为棋子,轻松突破防线,把虢叔杀死在制邑。

应该说,这个时候的郑寤生对弟弟郑段还是比较爱护的。前事不忘,后事之师,他可不想把弟弟放在制邑,让弟弟成天住着虢叔住过的房子,呼吸着虢叔呼吸过的空气,成为第二个虢叔。

所以,郑寤生委婉地拒绝了母亲大人的要求。

但同时,郑寤生说出了一句令自己都后悔的话:"除了制邑,其他地方可以让弟弟随便挑。"

武姜便说:"那就把京邑赏给你弟弟吧!"

郑寤生听了,惊出一身冷汗。

京邑是郑国的第一个都城,经过郑掘突三十年的经营,气势恢宏,跟现在的都城新郑并峙而立。

郑寤生很后悔,内心很挣扎。但是,作为国君,他知道自己说过的话不是戏言。他只好勉强同意。

武姜的目的达到了,她露出了胜利的微笑。

郑段去京邑之前,武姜把他叫进了自己的寝宫。她有很多私密的话要对小儿子说。

武姜语重心长地说:"段儿啊,你知道你去了京邑,要干些什么吗?"

郑段的回答是不知道。

郑段的确不知道。因为他这时才十岁——一个念小学四年级的小朋友,可能昨天还在后院跟小伙伴们玩泥巴,今天你就要他回答政务大事,未免太为难他了。

所以,武姜就替他回答:"你去了京城,要扩大城郭,整顿军备,强大自己,然后,你就静静地等待时机。等到一个最佳的时机,你派兵袭击新郑,娘会在里面帮你做内应。"

"为什么要这样做呢?"小郑段懵懵懂懂地问。

武姜的眼里放出了异样的光芒,她低声而坚定地说道:"因为娘希望你成为郑国的国君!"

然后她露出了诡异的微笑:"只有杀掉你大哥,你才有机会当上郑国的国君!"

十岁的郑段,似懂非懂地点了点头。

郑段带着母亲的期望,率领他的亲信,来到了京邑。

虽说郑段只有十岁,但作为公室公子,自小耳濡目染的都是国家大事。因此,他一路思考着母亲的谆谆教诲。忽然间,他发现自己长大了。

他决定,韬光养晦,壮大自己的实力,把夺取大哥的宝座作为自己人生的目标。

十岁的小孩,就沉浸到了夺取国家最高权力的阴谋诡计当中。想想都可怕。

郑段到京邑就职的第一件事,就是大兴土木,扩建城墙。

按理来说,公族要扩建自己封地的城墙,是要禀报国君的。

但郑段仗着母亲和大哥都疼爱自己,压根儿就没有打报告。他肆无忌惮、毫无节制地扩建着京邑的城墙,把城墙建得又宽又长又高。

按周朝的制度,大城市的面积不能超过都城的三分之一。

而扩建后的京邑,气势恢宏,其面积比新郑都大。

这时,所有的大臣都感受到了郑段的威胁,无不忧心忡忡。如果不及时制止郑段这种明目张胆的逾制行为,郑国迟早有一天会发生内乱。

但是,令人奇怪的是,郑寤生对此只是睁一只眼闭一只眼,好像一切都跟他无关。

大哥,你是郑国国君啊!对这种大事你都熟视无睹,你到底在想啥啊?

这种情况下,第一个站出来提醒郑寤生的是卿大夫祭(zhài)足。

祭足博闻强记，他生怕郑寤生年少懵懂，不记得周朝关于城墙建设方面的规章制度。于是，他在郑寤生面前，把相关的规章制度给背了一遍。

然后，他非常严肃地谏诤道："现在京邑的城墙很明显不符合明文规定，你该出手管管二公子了。"

郑寤生叹了口气，说："都是太夫人惯的，我也没办法啊！"

祭足十分恳切地说："太夫人的意图其实已经十分明显了，只不过大伙儿口头上不说罢了。你要是不早点做安排，我只怕太夫人会指示二公子做出更加不可理喻的事情出来。到那个时候，局面可就难收拾了。"

听了这话，郑寤生的脸色忽然变得异常阴冷。

祭足看到了郑寤生的那种眼神——阴鸷、恶毒，他一辈子都不会忘记。

接下来，祭足听到了郑寤生即位以来说过的最冷酷的一句话："多行不义必自毙！你等着看好戏吧！"

祭足终于看懂了眼前这个少年国君。

他深深地为这个少年人深厚的城府所震撼。

原来，郑寤生早就想除掉自己的亲弟弟，他一直都知道，郑段对自己的君位是最大的威胁。

但是，他又想对外保持一个完美的道德形象，不想担负杀害亲弟弟的恶名。

所以他绝对不会轻易动手。

他只会任由郑段犯错。等到郑段犯下了无可原谅的大错，届时，他就有了杀掉郑段的正当理由。那个时候，上至周天子，中至列国诸侯，下至臣工百姓，都不会指责他。

祭足终于不再说话。他朝郑寤生深深作了一个揖，缓缓退了出去。

他知道，在这样一位工于心计谋略的国君领导之下，郑国必将迎来一个辉煌的时代。

郑段扩建城墙之后,决定扩大自己的势力范围。

他采取强硬的措施,命令京邑西、北两座边城的最高长官听命于郑寤生的同时,也要听命于自己。

并且,他以狩猎为名,进行了声势浩大的军事演习,把两座小边城的军队收入了自己麾下。

他这样肆无忌惮地扩张势力范围,底气就是他是太夫人最宠爱的小儿子、郑国国君的弟弟。

在这种强大气场的压迫下,两座小城的长官没办法,只能选择屈服。

这时的郑段,普遍地被人们称为"京邑太叔"。

京邑太叔的种种悖逆行为,十分明显地传达了一个信号:郑段要在京邑另立政权,与以郑寤生为首的新郑分庭抗礼。

首席执政大夫郑吕坐不住了。

郑吕是郑掘突的亲弟弟,郑寤生的亲叔叔。

想当年,郑掘突执政的时候,作为弟弟,他从来不敢像郑段这样嚣张跋扈,而是安守本分、忠诚可靠。

因为他知道自己的老爹郑友当年创业不易,好不容易打下的这片江山,绝不能因为兄弟内乱而失去。

现在,眼看着郑段这臭小子恃宠而骄,意图篡位夺权,置郑国于风雨飘摇当中,他内心的愤怒爆发了。他怒气冲冲地跑来见大侄子,开门见山地说:"现在的问题很严重啊,咱们郑国现在给人的感觉就是有两个国君。你居然还像没事人一样,如此悠闲淡然。你要是打算把郑国大权交给郑段那小子,那你跟我明说了,我今天就收拾行李,去京邑走马上任,辅佐郑段了。要是你没这想法,那就赶紧动手除掉他,不要让大伙儿人心惶惶、不知所措。"

郑寤生看着这位亲叔叔满脸怒气的样子，内心很感动。

但他只是微微笑着。

虽然郑吕是长辈，但在郑寤生看来，他在政治上还是不够成熟，沉不住气。

郑寤生淡淡地说："叔叔，你也不用太着急。不用咱们自己动手，终有一天，他会自取灭亡的。"

他早就准备了一张天罗地网，到了合适的时机，他就会收网。现在，且看郑段如何在网里欢快地作死吧！

郑段继续作死。

他逾制扩建城墙，强令两座城市的长官听命于自己，在新郑的大哥一点动静都没有。这给了他一种错觉，他认为大哥性格懦弱，迫于母亲的威严，大哥不会对自己怎么样。

因此，他变得越来越任性、越来越大胆。

这一次，他直接派兵占领了西、北两座边城，并宣告：从此，这两座边城不再听命于郑寤生，而只能听命于我郑段。

接下来，他马不停蹄地又占领了鄢邑（今河南省鄢陵县西北）和廪延（今河南省延津县东北）两地。

眼见得郑段如此快速地扩张势力范围，照此下去，恐怕郑国一半以上的领土都要被郑段占领了。

郑吕又心急火燎地跑到大侄子的办公室，大声说："到了收网的时候了！郑段的领土越宽，他得到的老百姓的支持就越大。"

郑寤生哼了一声，冷冷地笑道："他如此对君主不义、兄长不亲，即便领土扩大，也必将失败。"

真正的领袖，就是这样泰山崩于前而色不变。

郑吕终于对这个大侄子刮目相看了。

最后，他只提了一个要求："到真正收网的时候，希望你可以把这个任务交给我，由我亲自去处置那个不忠不义的逆贼。"

郑寤生点点头，说："我答应你。"

郑寤生一直在静静地等待郑段发难，然后他好名正言顺地一举将其拿下。

令郑寤生感到奇怪的是，郑段毫无动静。

自从郑段夺取了四座城池之后，他就再也没有做出任何悖逆的举动来。

他安分得就像一个奉公守法的良民。

他长大了。

时光如白驹过隙，一眨眼，二十二年过去了。

这时的郑段，已经三十二岁。

从目前的情况来看，郑段是一点造反的迹象都没有。

随着年龄的增大、心智的成熟，郑段越来越清楚，如果只凭实力去造反，他这一辈子也没有机会。

当时，郑国拥有十万兵力，在新郑就集中了六万兵力。郑段要想轻松攻下新郑，他最少要拥有十二万兵力。

但事实上这根本不可能。

所以，郑段沉下了心来。他只能继续等待机会。

沉不住气的反而是郑寤生。

这么多年来，他眼巴巴地盼着郑段赶紧造反，好早点收拾这个弟弟。郑段存在的每一天，对他都是一种潜在的威胁。

但是以目前的情况来看，弟弟好像已经下定决心做一个良民了。

不行，不能让他这样安分守己下去，必须诱使他干点坏事出来。不然，哪天自己寿终正寝后，保不住他会对自己的儿子下手。

郑寤生的太子郑忽，是一个拥有极高军事才华的年轻人。但是，知子莫如父，论政治才能，郑忽在郑段面前，就是一只小鸡。

为了提前把郑段那只老鹰除掉，郑寤生想到了一个绝妙的主意。

这个主意有个学名，叫"引蛇出洞"。

公元前722年的某一天，郑寤生放出风声，表示过一段时间他要去洛邑朝觐天子，然后他故意放松了新郑的城防。

在郑段看来，做事向来滴水不漏的郑寤生，终于露出了他平生最大的破绽。

他知道，自己夺取君位的唯一机会，就是采取偷袭的方式。

经过深思熟虑之后，他终于下定了决心：偷袭新郑，夺取政权。

当郑段跟自己的心腹商量如何偷袭新郑的时候，郑寤生第一时间就知道了。

原因很简单，在郑段身边，有郑寤生安排的卧底。

当郑寤生得知情报的那一刻，激动得热泪盈眶：二十二年了，我等了二十二年了！老弟啊，你终于造反了！

钓鱼成功！

他迅速制订收网计划。

他把叔叔郑吕叫了进来，嘱咐道："郑段必死。"

郑吕很振奋。他领命而去，并保证一定完成任务！

郑段在京邑有条不紊地做着偷袭的准备。

他首先派儿子郑滑去了卫国，鼓动卫国出兵援助。

然后，他送信给母亲武姜，让母亲在新郑做内应。

一切准备就绪，郑段满心激动。

二十二年的梦想，即将实现。

更加激动的，是武姜。

这时的武姜，已经五十岁了，身体也越来越差了。

打从郑段生下来的时候,她最大的梦想,就是能把小儿子扶上郑国君主的宝座。

为了这个梦想,她做了三十二年的准备。

她经常写信给远在京邑的小儿子,鼓励他,让他记住那个伟大的梦想。

每次小儿子回新郑来探望她,她都会把他拉到自己的寝宫里,不断地提醒他要实现那个梦想。

一个有梦想的人,一定是伟大的人。

只不过稍微有点讽刺的是,这个梦想,是建立在杀害大儿子的基础上。

现在,她坐在自己的寝宫里,看着小儿子写来的信,信里约定了政变的时间,她心里轻轻地说了一声:这一天,总算是到了。

如果这个梦想可以实现,她将不负此生。

公元前722年5月,具体哪天未知——无论对郑段来说,还是对郑寤生来说,那一天都是一个好日子。

郑段在心里说:大哥,我们二十多年的恩恩怨怨,就在今天了结吧!

郑寤生在心里说:二弟,你是我心中的一根刺,这根刺在我心里扎了二十多年,今天,是把它拔掉的时候了,以后我也能睡得着了。

郑段亲自率领一支精兵,快速地向新郑奔袭而去。

京邑距离新郑只有七十多公里,乘坐战车只需要半天时间。

一路上,尘土飞扬,离新郑越近,郑段就越兴奋。

但是,他没有想到的是,当他的军队跑出十几里的时候,就有一支军队闪电般攻占了他的大本营——京邑。

那支军队的首领,正是他的叔叔郑吕。

郑吕早就奉命率领了二百乘兵力——也就是七千人(春秋早期,一乘是35~45人),悄悄埋伏在了京邑的附近。

等郑段率部走远，他就指挥军队攻城。

郑段在京邑经营了二十二年，在军民当中的口碑相当之好，按理来说，京邑军民应该同仇敌忾，浴血奋战，直到最后一刻。

但是，京邑军民并不愿成为哥儿俩争权夺利的牺牲品，大家本来都是郑国子民，干吗非得争个你死我活！

因此，郑吕大军几乎是兵不血刃，轻松地拿下了京邑。

郑段在奔袭新郑的中途，接到了一匹快马的紧急报告。

京邑陷落了。

听到这个消息，主演郑段先生瞬间蒙掉了。

按剧本情节的发展，难道不是应该顺利拿下新郑，砍掉郑寤生的脑袋，最后我登上郑国君主的大位吗？

郑段不由得恼怒地咆哮起来："谁修改了剧本？"

没有人回答他。

然后，他终于清醒地意识到，其实，他拿到的剧本，就像漫威电影公司的老套路那样，无论是给主演还是给配角的，都是假剧本。真正的剧本，在老板——也就是郑寤生那里。

郑寤生才是总编剧、总导演，并且他真正的身份，是幕后投资人。

所有的事，都是投资人说了算。

前无去路，后无退路，郑段陷入了进退两难之地。

此时的郑段知道，至此，这场政变宣告失败了。

他十分果断地做出了一个决定：转头，去鄢邑。

经过二十多年的经营，鄢邑已是一座坚固的城市。

他赶到鄢邑，固守待援。

谁会来支援他？

只有卫国。

按照本来的计划，卫军会跟郑段左右夹攻新郑。

现在，郑段只盼卫军能立马掉头，前来鄢邑支援他。

然而，他等了很久，都没有等到卫国的援军。

而郑寤生的大军，已经在城下，向鄢邑发起了猛烈的攻击。

郑段心灰意冷。他知道，虽然鄢邑坚固，但在强大的郑军的进攻下，破城只是时间问题。

果然，很快，鄢邑陷落了。

郑段在少数忠诚侍卫的保护下，一路仓皇狼狈地逃到了卫国的共邑（后人因此称他"共叔段"）。

郑段政变失败流亡国外，对武姜是一个巨大的打击。她感觉她的人生失去了意义。

而平时对她十分孝顺的郑寤生，现在，也翻脸了。

他当着武姜的面，把憋在心里二十多年的委屈一次性爆发了出来。他用尽了世上最恶毒的语言，指责武姜的偏心。

"导致今天这个局面的罪魁祸首，其实就是你！"

武姜第一次感到了羞愧，她忽然意识到，这么多年来，自己的确太对不住大儿子了。好歹也是自己亲生的，自己对大儿子怎么就这么狠心呢？

她向大儿子承认了错误。

但是，愤怒的郑寤生没有接受她的道歉，而是说了一句冷酷绝情的话："咱们黄泉下面再见吧！"意思很明确，咱们母子这辈子也不要相见了。

然后，他把武姜流放到了距离新郑八十公里外的城颍（今河南省临颍县西北）。

中国人历来最讲究孝道，就是一辈子必须对父母孝顺，凡是对父母不孝顺的人，都会遭到世人的唾弃。

虽然武姜犯了错，但不管怎么样，她都是郑寤生的亲生母亲。没有武姜,哪儿有你郑寤生风光无限的今天?

郑国的臣民开始对郑寤生的不孝行为议论纷纷。

郑寤生听到了这种流言,感到了一种巨大的危机。他担心他将因此失去臣民的支持。

他知道,他不能再意气用事,必须做出某种妥协,以重获臣民的心,稳固他的权力。

所以,他决定把武姜接回新郑。

但是,君无戏言,他当初脑子发热时说的那句话,也不好收回来。他为此苦恼了很长一段时间。

一个聪明的大夫看懂了他的心思,给他出了一个绝妙的主意。

这个大夫是颍谷(今河南省登封市西)的行政长官,名叫颍考叔。

颍考叔来新郑汇报工作的时候,郑寤生热情地请他吃了一顿便饭。

在饭桌上,颍考叔做出了一个奇怪的举动:每上一道菜,他都夹一点放到备用的小盒子里。

郑寤生笑着说:"你居然还打包,是带回去当夜宵吗?"

颍考叔毕恭毕敬地说:"我家里还有八十老母,我想让老母亲也尝一尝您赏赐的食物。"

听到这句话,郑寤生被感动了。他感慨了一句:"你还有母亲可以孝顺,我却没有啊!"

颍考叔知道机会来了,于是他对领导说:"其实您要见到太夫人,也很容易。您只要挖条地道,地道见到泉水即可,然后地道直通城颍,那么,你们母子俩就可以在有泉水的地道里相见了。这就是黄泉相见,并不违背您当初的话。"

颍考叔的确很聪明,他偷换了"黄泉"的概念,实现了领导的心愿。

对于这样的下属,郑寤生怎么可能不喜欢他,以后怎么可能不提拔他?

郑寤生立即采纳了颍考叔的主意,派人挖了一条地道。

在某年某月的某一天，郑寤生率领文武百官，来到了地道，举行了亲切的见面仪式，然后通过地道隆重地把武姜接回了新郑。

就像童话故事里说的那样：从此以后，他们过上了幸福的生活。

至于郑段，过了不久，他一个人在共邑凄凉地死去了。

这时，复仇的烈火，在一个人的胸中熊熊地燃烧。

这个人，就是郑段的儿子郑滑。

郑滑这个十几岁的少年人，自小在老爹的教育熏陶之下，充满了政治野心。

对于老爹造反，他第一个支持。

因为只要老爹造反成功，成为郑国新的君主，他郑滑就将是郑国的太子，将来也必将坐上郑国国君的位子。

所以，在那次叛乱中，他十分积极。

他亲自跑到卫国，充当说客，意图说服卫国国君卫完（卫桓公）出兵支持郑段夺权。

但结果让他失望了，卫完并没有答应他的请求。

郑段政变失败后，待在卫国的郑滑苦苦哀求卫完出兵，为他老爹报仇。

卫完终于被打动了，于是发兵攻打郑国，并占领了廪延。

郑寤生大怒，发誓要给卫国一点颜色瞧瞧，让卫完见识见识郑国的真正实力。

郑国的真正实力，不仅仅体现在它的军事力量上，还体现在郑寤生本人在周朝中央朝廷的地位和权势上。

郑寤生的爷爷和老爹都是中央朝廷的司徒。郑寤生继承了老爹在中央朝廷的司徒的职位，位高权重。他拥有号召诸侯共同讨伐叛逆的权力。

因此，郑寤生利用自己的权力，强势征召了赫赫有名的成周八师（西周王室军队之一），并号召南虢国、邾国的军队与郑国本国军队组成强大的"复仇者联盟"，对卫国进行了反攻。最终，郑国夺回了廪延。

郑寤生的强势行为，引起了一个人的强烈不满。

这个人，就是周天子周宜臼。

周宜臼决定，剥夺郑寤生的司徒职位，让另一个人来取代他。

作为周天子，任免大臣是他最基本的权力。周宜臼原本以为，这只是一次平常的人事任免。

然而，事情的发展远远超出了他的预料。

第三章

周郑交质

互换儿子,这太不可思议了

公元前720年，这时的周宜臼，在位已经五十一年了，也是一个五十九岁的老人了。

他现在特别宠信一个大臣，这个大臣的名字叫虢忌。

在消灭周望政权的功劳簿上，虢忌的名字仅仅排在晋仇后面。

虢忌的身份非常尊贵，他是世袭的公爵。

然而，这样一个身份尊贵的人，在中央朝廷里，却没有一个与之相匹配的职位，弄得虢忌很尴尬。

周宜臼也很愧疚，他认为，以虢忌的身份和功绩，完全可以当司徒。

但是，当时司徒的职位是由郑寤生担任的。

郑寤生这个人，在周宜臼看来，完全是尸位素餐。他霸占着司徒的职位，一年到头却很少来中央朝廷上班，专门给他准备的那间豪华办公室，也落满了灰尘。

不来上班倒也罢了，让周宜臼无法容忍的是，郑寤生居然以司徒的身份在新郑遥控中央朝廷的大事决策。

尤其是公元前721年的那次伐卫，郑寤生居然强势征集属于中央部队的成周八师，为他的郑国卖命。

周宜臼彻底愤怒了。

——到底我是天子，还是你是天子？

愤懑之下，他决定，免去郑寤生的司徒职位，让虢忌来担任。

在做出任免决策之前，他把虢忌召来，询问他的意思。

虢忌这些年来一直很郁闷。在周望中央朝廷里，他是堂堂的司徒；可投诚到了周宜臼这边，却只担任了普通的卿大夫职位。

待遇差别太大，导致他的心理不平衡。

他也想当司徒，但是，也就想想罢了。毕竟，他的南虢国实力，远远比不上郑国。

这段时间，虢忌更加郁闷。

飞扬跋扈的郑寤生为了征伐卫国，不仅强行征集了成周八师，还强行征集了他南虢国的军队。而他偏偏还没办法，只能乖乖把军队交了出去，让郑寤生指挥。

这简直是一种奇耻大辱。

但是，还是没办法，得罪谁也不能得罪郑寤生。虢忌只能忍气吞声。

这一天，周宜臼询问虢忌是否有意取代郑寤生担任司徒的职位。他原本以为，虢忌一定会惊喜且激动地跪下磕头谢恩。

虢忌的确是跪下磕头了，但不是谢恩，而是拒绝。

"为什么？"周宜臼奇怪地问，"难道你不想当司徒吗？"

虢忌当然很想，做梦都想，但是，只要郑寤生在世一日，他就绝不能担任此职。

因为他担心一旦惹恼了郑寤生，郑寤生一气之下，发兵伐虢，那时，南虢国就会被灭。

他的兄弟国东虢国就是郑寤生他爹灭的。再灭一个小小的南虢国，对郑寤生来说，也不会嫌多。

周宜臼陷入了沉默。

虢忌见状，磕了一个头，麻溜地跑回了南虢国。

郑寤生虽身在新郑，但他很快就知道了周宜臼要用虢忌取代他的打算。

他的第一个决定，就是亲自到洛邑质问周宜臼。

新郑距离洛邑，说远不远，说近不近，大概一百四十多公里。要搁平常没什么大事，这点路郑寤生要慢悠悠走上一个礼拜，一路可以游山玩水，赏玩河南的大好风光。

但这一次,郑瘄生化身为超人,"嗖"的一下就降落在周宜臼面前。

东魏孝静帝元善见在位时,朝政大权被权臣高澄把持。元善见实在无法忍受高澄的欺辱,公元549年的某一天,他召集几个亲信,私下里商量如何除去高澄。但消息泄露了,高澄率领甲士怒气冲冲地赶到皇宫,冲着元善见咆哮,说出了一句在中国历史上具有极高知名度和美誉度的话:"皇帝,你这是要造反吗?"

郑瘄生是高澄的1.0版。

他当着周宜臼的面,盛气凌人地说出了一句类似的话:"大王,你到底啥意思?"

五十九岁的周宜臼早就练就了一套超凡入圣的生存智慧,此时,面对郑寤生的威胁，他只能装傻："我没啥意思啊！我不明白你问我啥意思是啥意思啊？"

郑寤生冷冷地说："听说你想让虢忌来取代我？"

周宜臼连忙矢口否认："哪有此事？绝无此事！这绝对是谣言！"

郑寤生怒气冲天，意不能平，对周宜臼不依不饶，非要他今天给个说法。

周宜臼被逼到了绝境，他知道，如果今天不给郑寤生一个交代，以郑寤生诱杀亲弟、放逐亲娘的冷酷绝情作风，自己性命堪忧。

情急之下，为了获取郑寤生的信任，他给出了一个卑微的解决方案。

这个解决方案，让周王朝迄今为止三百二十六年的威望尊严，被碾得粉碎。

周宜臼给出的方案是：相互交换太子为人质。

具体来说，就是周朝把太子周狐交给郑国当人质，郑国把太子郑忽交给周朝当人质。

按照周礼，质子交换只存在于级别平等的诸侯国之间，绝对不能存在于中央朝廷与诸侯国之间。

而如今，实行了三百多年的周礼，这一次，却被大周天子周宜臼亲手摧毁。

礼崩乐坏！真正的礼崩乐坏啊！

对于周朝来说，这绝对是一次前所未有的屈辱。

郑寤生但凡有半点良心，都不会同意这个方案。毕竟，他自己也是大周宗亲，他跟周宜臼拥有一个共同的曾祖：周厉王。

但是，郑寤生是那种不知道"良心"为何物的人，大周礼制在他眼中，根本什么都不是。在他心里，只有郑国的利益，只有他自己的利益。

他同意了堂哥的这个方案，然后带着那个可怜的堂侄周狐，扬长而去。

交质之后,周宜臼的精神世界在一瞬间就崩塌了,身体也彻底垮下去了。

躺在病榻上,他回顾自己这一生,几乎都是在委曲求全当中度过的。

几乎所有的诸侯都在谩骂他,藐视他,嘲笑他,欺辱他。

他照单全收,虽然内心煎熬,但脸上却时常带着微笑,小心翼翼地讨好着每一个诸侯。

他这样做的目的,不仅仅是为了自己的生存,更重要的是,他要用尽全力苦苦守住历代先王传下来的社稷江山。

他的确做到了。

大周政权在一片风雨飘摇之中,仍然屹立不倒。

虽然他算不上中兴之主,但是在那种他自己无法掌控的艰难时局下,他仍然凭借内心强大的信念,扛着旗帜,没有倒下,这就充分说明了,他是一个了不起的帝王。

这样一个忍辱负重、肩负国家重任的人,虽然能力平庸,性格懦弱,但仍是一个值得尊敬的人。

就在交质过后不久,公元前720年的4月,周宜臼带着对列祖列宗的愧疚和对郑寤生的愤怒,带着所有的不甘、屈辱,离开了这个世界。

周宜臼驾崩后,郑寤生这个乱世枭雄,正式踏上了他在春秋初期的称霸道路。

这一次,他将以一国之力,对抗宋、卫、陈、蔡四国联军。

第四章

州吁弑君

从那天起，走上一条不归路

◉

宋、卫、陈、蔡四国联军围攻郑国的起源,要从卫国的一起弑君篡位的流血政变开始讲起。

这次政变的主角,名叫卫州吁。

卫州吁是卫国第十二任国君卫扬(卫前庄公)的小儿子。

卫扬的大儿子卫完,是陈国的宗室闺女戴妫(guī)所生。戴妫生完孩子就死了,卫扬的夫人庄姜因为不能生育,就把卫完当成自己的亲生儿子来养。因此,从法理上说,卫完就成了嫡长子。

卫州吁的出身,就不那么高贵了。他的母亲,只是卫扬身边的一个小宫女。所以,卫州吁的出生,只是卫扬一时冲动所产生的意外结果。

但卫扬对卫完不怎么待见,对卫州吁这个意外降临的小儿子却是格外宠爱:有啥好吃好喝的,都要先赐给小儿子;朝会上举办的活动,露脸的机会都给到小儿子;偶尔去国外出趟差,也把小儿子带上,逢人就夸,我这小儿子可聪明伶俐了,以后必定能成就一番大事。

一般的平民家庭对小儿子宠爱一些,那是没多大问题的。但这事发生在公室之家,那可是要出大事的。

卫扬其实也只是单纯地宠爱小儿子,倒没有过废嫡立庶的想法。

但是,老爹的宠溺给了卫州吁一个错觉:老爹这么宠爱我,我将来注定要成为卫国之主。

因此,卫州吁从小就倚仗着老爹的宠爱,飞扬跋扈、骄横霸蛮,仿佛卫国将来的国君之位非他莫属。

这是一个非常危险的信号,如果任由卫州吁如此表现下去,卫国将来必然会出现一场罕见的内乱。

首席执政大夫石碏（què）敏锐地洞察到了其中的隐患。他特意找到卫扬，摆事实，讲道理。最后，他给卫扬提出了两个解决方案：第一，直接废掉卫完，改立卫州吁为太子，让他成为卫国国君的合法继承人；第二，不要继续宠爱卫州吁，让他安于自己的身份和地位。

客观来说，石碏的第一个方案也是有漏洞的，因为你无法保证被废的卫完不怀恨在心，将来趁机发动政变，夺回原本属于自己的位子。

所以，其实最好的方案，是第二个。

然而，卫扬一个也没有采纳。在他看来，维持嫡长子卫完的太子之位，是遵循三百年来的礼制，绝不可更改，这是于公的层面；宠爱小儿子，给他更多的父爱，这是于私的层面。公私分明，没有石碏想得那么严重。

但石碏就此断定：卫国将来必乱。

卫扬去世后，太子卫完继位。石碏预料到，一场内乱迟早会到来。他不想蹚那趟浑水，就告老还乡了。

他本以为自己已经置身事外，却不承想，自己终究还是蹚进了那趟浑水。

因为他的儿子石厚跟卫州吁勾搭上了。

石厚年纪虽轻，却是一个十足的投机主义者。

他冷眼观察，发现卫扬对小儿子卫州吁十分宠爱，就认定卫州吁将来很有可能成为卫国国君。

于是，他把宝押在了卫州吁身上。

他跟卫州吁来往密切，成了卫州吁的首席参谋。

只要卫州吁将来能成为卫国国君，那他石厚就必定是卫下一任首席执政大夫。

石碏对儿子这种投机行为深感不满，屡次警告他，要他离卫州吁远一点儿。

但石厚长大了，翅膀硬了，凡事都有自己的主张。他把老爹的话

当耳边风，内心生出一股逆反之绪：我一定要证明给你看，我的选择是正确的！

一直以来，卫完都对卫州吁的飞扬跋扈很是不满，但是鉴于老爹在位，他也不好把这种不满发泄出来。

等到老爹去世，卫完即位后，第一件事，就是把卫州吁叫过来大骂一顿，然后罢免了他在朝堂里的一切职务，让他离开都城，有多远滚多远。

卫州吁没办法，只好带着自己的亲信石厚，灰溜溜地逃出卫国。

接下来的十几年，卫州吁、石厚哥俩儿在异国他乡辗转流亡，受尽了万般苦楚。

卫州吁心中一直憋着一口气：那个位子注定是我的，等着瞧吧，我一定会找机会抢过来。

石厚也正是因为感动于卫州吁的这种伟大的梦想，誓死跟随他流亡的脚步，一起浪迹天涯，等待机会。

公元前722年，流亡了十一年的卫州吁，在共邑遇到了另外一个流亡者。

那个流亡者的名字，叫郑段。

郑段此时已经闻名天下，成为诸侯国人人喊打的一只老鼠。

没有人愿意待见他，除了卫州吁。

两人一见如故，彼此拱手称道："久仰！久仰！"

毫无疑问，两人拥有共同的话题，那绝对是酒逢知己千杯少。

在跟郑段的彻夜长谈中，卫州吁认真吸取了郑段政变失败的惨痛教训。在卫州吁看来，要想夺取卫国国君之位，在实力悬殊的情况下，发动军事政变是最愚蠢的行为。

最好的方式，就是派杀手近距离击杀卫完。

公元前719年，卫州吁打听到卫完近期要去洛邑朝觐周天子，他立即意识到，自己的机会来了。

于是，他给大哥写了一封信，信中首先是回顾了兄弟二人的情义，并对自己曾经年少幼稚的行为表达了沉痛的忏悔，现在在外面流浪十几年，人也成熟了、懂事了，再也不会像之前那样飞扬跋扈了。因此，希望大哥你看在咱们骨肉情深的分上，让我回归故里，跟你见一面，当面跟你道歉。

卫完读完信，内心很感动。毕竟血浓于水，这份血缘关系是割不断的，他当即同意卫州吁回来。

卫州吁回到了朝歌，这个他从小长大的地方。

他心里发誓：这次，我不会再离开，而且我还要成为这里的主人。

他回来后，受到了卫完的热情欢迎。兄弟俩抱头痛哭，冰释前嫌，并约定今后一定要相互扶持，共同为卫国的强大贡献自己的力量。

过了几天，卫完就要去洛邑出差了。

按规定，要给卫完举行一场隆重的饯别盛宴。

盛宴上，觥筹交错，欢声笑语，道不尽的快乐。

单纯的卫完绝对想不到，这是他最后的晚餐。而那个满脸笑容、甜言蜜语的弟弟卫州吁，就是暗藏杀机的犹大。

卫州吁在最合适的时机出手了。

卫完血溅七尺。在死的时候，他都不敢相信，杀害他的人，居然就是几天前还跪在他面前痛哭流涕、满心忏悔的亲弟弟卫州吁。

卫州吁在大哥的尸体前，宣布即位。

所有的大臣，在卫州吁杀气腾腾的威胁下，心生恐惧。他们纷纷跪下去，向卫州吁参拜。

卫州吁几十年的心愿一朝得逞，不由得有些飘飘然。

他没有留意到的是，他的二哥卫晋已经趁机偷偷地溜了出去。等到他意识到要抓捕卫晋的时候，卫晋已经快马加鞭，逃出了卫国。

卫州吁成了春秋以来第一个成功弑君篡位的案例。

他的不法行为，引起了国内舆论的强烈不满。整个卫国暗流涌动。

卫州吁开始寝食难安，他必须想办法平复国内这种充满危险的舆论情绪。

此时的石厚，因为协助卫州吁夺取君位，功劳巨大，如愿成了卫国的首席执政大夫。他十几年的投资，终于得到了回报。

石厚建议，要想平复国内那些反动势力的情绪，就必须转移他们的视线，让他们关注的焦点转移到国外去。

具体来说，就是选一个诸侯国打仗。一旦对外开仗，国内自然是众志成城，一致对外。

卫州吁对这个建议表示称赞，是个好办法。

那么，选择哪个诸侯国开战呢？

郑国！

为什么是郑国呢？

郑国刚刚联合成周八师、南虢国、邾国军队，夺回了廪延。虽然失去廪延罪在卫完，但卫州吁作为卫国现任国君，必须用一场酣畅淋漓的复仇之战，来挽回卫国的尊严。

于是，卫州吁决定，以倾国之兵，向郑国发起攻击。

大家都知道，受益于三监之乱，卫国建国之初，地方四五百里，成了西周初期最强大的诸侯国。

接下来，从第二任国君卫牟到第七任国君卫是（卫贞伯），他们很好地守住了这份家业。

唯一遗憾的是，如此强大的诸侯国，爵位仅仅是伯爵。

一百八十年之后，卫国迎来了一次爵位提升的好时机。

第八任国君卫岬即位后，深感伯爵的身份跟卫国本身的实力不相匹配，于是他向当时的天子周胡提出，给自己的爵位升个级。

作为一个老于世故的政治家，他当然清楚天子绝对不会轻易给自己升级，于是，他拿出了自己的撒手锏：进贡。

一般来说，一个诸侯国每次向周王室进贡的财税都是固定的。但卫岬在进贡的时候，却交出了远远超出原定额度的财税。

那个时候，周胡正在大力推进经济改革，无奈损害了大多数贵族的利益，遭到强烈的反对，改革推进并不顺利，这笔财税在某种程度上缓解了周王室的财政危机。

收到这样一笔大的财税款，周胡龙心大悦，大手一挥，就将卫岬升为侯爵（卫顷侯）。

表面上，这套进贡流程无懈可击，但所有人都知道，卫岬是在向天子行使贿赂。

因此，卫岫升侯爵这个事，其实是不大光彩的。

但光彩不光彩的，也管不了那么多了，最少卫国在诸侯国中的政治地位又提升了。政治地位的提升，意味着卫国的国力也在增强。

八十多年之后，卫国的国力迎来了一个鼎盛时期。

创造这个鼎盛时代的人，是卫国第十一任国君卫和。

卫和是通过流血政变，杀死他的大哥卫余（卫共伯）后继位的。但他在位期间，实施仁政，勤于政事，经济繁荣，军事力量十分强大。

公元前770年，镐京之变后，卫和率领一支军队进军勤王，并亲自护送天子周宜臼去西申国。周宜臼十分感动，下旨晋封卫和为公爵（卫武公）。

以升爵为契机，卫和四处征伐，进一步开疆辟土，卫国成为中原大地上辖域两千里的大国。

卫和死后，儿子卫扬和孙子卫完相继继位，这两位都是不错的守成之主。

到了卫州吁这里，从当时的国力对比来看，老牌的卫国跟新兴的郑国实力差不多。郑国的最大优势，就是郑寤生是周王室的司徒，可以调动成周八师和其他诸侯国的军队。

为了能够对抗郑国的"复仇者联盟"，卫州吁决定，筹建一个新的军事联盟，这个军事联盟的名字，叫"正义联盟"。

为了筹建这个"正义联盟"，卫州吁把眼光第一个投向了宋国。

之所以第一个选中宋国为联盟成员，是因为卫州吁敏锐地觉察到那时的宋国国君宋与夷（宋殇公）内心一个不安的隐秘想法。

宋与夷内心那个不安的隐秘想法是什么呢？

第五章

谈笑东门

吃瓜的散了吧,这仗打不起来

这要从宋与夷的老爹宋力（宋宣公）说起。

宋力是宋国第十三任国君，原本早就立了嫡长子宋与夷为太子。不料他死前，却做出了一个作死的决定。

这个决定就是废掉宋与夷的太子之位，让弟弟宋和继位。

宋和大惊，坚决不接受这块天上掉下来的馅饼。

宋力为了让弟弟接受君位，拉着他的手，深情地说起了宋国的一段往事。

如果我们对西周初年的那段历史还有印象的话，应该会记得，当初为了表彰微启对周朝的建立做出的杰出贡献，摄政周旦封微启为宋国国君。但微启一辈子都没有去过宋国就任，实际执掌宋国政权的，是微启的弟弟微衍（后来叫宋衍）。微启死后，自然是由宋衍继位。宋国人因此给微启贴金：微启"自动、愉快且心甘情愿地"把君位让给了亲弟弟，这叫作"兄终弟及"。其实，微启是没办法，他被软禁在镐京，对于弟弟的篡位行为鞭长莫及。

如今，宋力把几百年前的那段老故事搬了出来，向宋和表示，兄终弟及本来就是我们宋国最古老的传统，我现在只不过是恢复传统而已。

但宋和却很清醒。他也熟知本国的历史，宋衍之后，一路下来，基本都是父死子继。只有一次例外，就是宋前湣公宋共高风亮节，大公无私（说白了是脑残），把君位让给了弟弟宋熙。结果宋共的嫡子宋鲋祀很不满，随后发动政变，杀掉了叔叔宋熙（宋炀公），夺回了君位。

宋和深知这种改变父死子继继承制的坏处，他担心自己继位后，将来大侄子宋与夷不服，找机会发动流血政变，到时无论谁赢谁输，

> 050 <

对宋国来说都没有好处。

所以,他坚决不肯接受。

其实,宋力之所以指定让弟弟继承自己的大位,是有着他深刻的用意:宋与夷年纪还太小,逢其乱世,宋国要想更好地生存下来,并发展壮大,就必须要有一位成熟的君主去掌舵。

如此看来,宋力的确是一位深谋远虑的君主。

只可惜,他懂国家战略,却不懂人性。

他只看到了弟弟宋和即位后国内局势暂时的稳定,却没有预料到宋与夷长大之后不平衡的心理,以及那种心理可能对国家造成的更大的内乱。

但不管怎样,宋和最后还是即位了,是为宋穆公。

宋和在位九年。他没有辜负大哥的期望,执政期间,宋国维持了和平与稳定,国力也有所增长。可以说,宋和是一个很不错的守成之主。

这么多年来,宋和对大侄子宋与夷报以最大的愧疚,因为从事实上来讲,他的确占据了原本属于大侄子的宝座。

宋和跟他大哥一样,心地善良,宽厚仁慈。他决定,自己死后,一定要把位子传回给大侄子。

公元前720年8月,宋和去世。

去世前,他殷殷叮嘱大司马孔父嘉,一定要好好辅佐宋与夷。

从法理上来说,此时宋国的合法继承人,其实应该是宋和的嫡长子宋冯(píng)。

因此,孔父嘉很是犹豫,说:"可是大臣们都希望宋冯继承大位。"

宋和说:"不要立宋冯,如果立了宋冯,我就对不起我大哥。这个位子,本来就是我大哥一脉的,我只是暂为代理。"

为了让儿子宋冯不要跟宋与夷争夺君位,宋和派人把宋冯送到了郑国,让郑寤生好生照顾他。

就这样，宋与夷顺利继位。

宋与夷最大的心魔，就是他那个堂兄弟宋冯。

如果当初老爹不执意让位给叔叔宋和的话，那宋冯从法理上根本构不成对自己的半点威胁。

但现在不同了。作为宋和的嫡长子，从宋和即位的那天起，宋冯就具有了继承宋国君位的天然合法身份，他宋与夷反倒是不合法的了。

因此，宋与夷最担心的，是宋冯会心生怨恨，伺机发动政变，前来抢夺他的君位。

必须想办法除掉宋冯！

这就是宋与夷隐而不宣的秘密。

正好这时候，卫州吁派人来与宋国结成军事同盟，攻打郑国。卫使只用一句话就说动了宋与夷："宋冯在郑国，一直觊觎您的宝座，他迟早有一天会作乱，不如咱们联手，把宋冯干掉。"

并且，卫使还故意放低姿态："为了帮助您干掉宋冯，我们的"正义联盟"由您来当盟主，咱们都听您的。"

宋与夷没有任何犹豫，就跟卫使签订了军事合作协议。

搞定宋国之后，卫州吁又陆续搞定了陈国、蔡国。陈、蔡跟郑国原本没什么矛盾，但被卫州吁一顿忽悠，脑瓜一热，就参与了进来。

公元前719年夏天，宋、卫、陈、蔡组成的"正义联盟"，总兵力四万人，浩浩荡荡地杀向郑国。

联盟军声势的确浩大，一路势如破竹，很快就杀到了新郑的东门。

这下有好戏看了！

所有的吃瓜群众，搬来板凳，手里拿包瓜子，边吃边兴高采烈地等待着如好莱坞电影一样的大决战的爆发。

"这次正义联盟肯定赢了！"

"不一定,郑国多强大啊,很有可能把正义联盟反杀得人仰马翻。"

"说不定双输呢?要真是双输,那周王室就有机会来收拾残局了,这对周朝来说,是个绝佳的重新崛起的机会。"

所有人都猜中了开头,却没有猜中结局。

因为从头到尾,这场陈兵于新郑东门的气势汹汹的大决战,压根儿就没有开打。

当然,这一切,都源自郑寤生高明的谋略。

郑寤生绝对是春秋初期最伟大的军事谋略家,他把"不战而屈人之兵"的兵法精意用到了极致。

面对正义联盟的围剿,他没有丝毫慌乱,而是冷静地观察。

在正义联盟里,宋国的军队实力最为强大,宋国的开战理由也最为充分。其他三国都是跟班,来凑热闹的,根本不足为惧。

擒贼先擒王,只要拿下宋国,郑寤生相信,正义联盟就会不战自退。

郑寤生微笑着拿出了手里的一张王牌。

这张王牌,就是宋冯。

其实只要把宋冯交给宋国,宋国达到了目的,自然马上就会退兵。

但这绝对不会是心高气傲的郑寤生的做事风格。

如果他真那么做了,就意味着他害怕了、妥协了,在圈子里,他就会给人留下一个软弱可欺的印象。那你叫他以后还怎么混?

郑寤生只是做了一个小小的动作,这个动作立刻让宋国退兵了。

他派人悄悄地把宋冯转移到了距离新郑五十公里外的长葛(今河南省长葛市东北)。

长葛是郑国境内的一座小城,方圆不到一公里,基本上没有什么坚固的城防。

然后,郑寤生放风给宋军:我已经把宋冯送到长葛了,他在那等着你们呢!

宋军总司令孔父嘉一听,没有任何犹豫,率领部队掉头就往长葛赶。他的目的可不是灭掉郑国，而是抓捕宋冯。

宋军一撤，陈、蔡两个跟班也就跟着撤了。

卫军势单力薄，思量着跟郑军单挑，毫无胜算，没办法，也只能撤了。

联盟军在新郑东门围了整整五天，结果一枪没打、一炮没发，静悄悄地走了，留下一地的尴尬。

这让所有满怀期待的吃瓜群众大失所望：电影上映前，宣传铺天盖地，买了门票进了场，结果告诉我们不放了！退票！退票！退票！

影院很明显不愿意退票，钱骗到手里了，进了荷包了，哪有再掏出来的道理！

只能冷冷地说一声："你们还是太嫩了，一群吃瓜群众别太把自

己当回事。"

但影院方也没有做得太过绝情，为了抚慰吃瓜群众的不满情绪，到底还是安排了一场低成本的小片给大家看。

大家没办法，反正来也来了，票横竖不退，也只能坐下来看低成本小片。

这场小片就是宋军兴致勃勃地赶到长葛，很快破了城。孔父嘉亲自带着人马进城去抓捕宋冯，却连宋冯一根头发都没看到。

原来，在宋军攻城之际，郑寤生已经安排人又把宋冯偷偷从小路接回了新郑。

这直接把孔父嘉气得吐血。

这时，其他三国军队已经撤了，宋军也没法去跟郑军单挑了，只好气呼呼地回国了。

一场巨大的围城危机，就在郑寤生的笑谈之间，灰飞烟灭。

宋与夷没有达到干掉宋冯的目的，反而被郑寤生戏耍了一番，越想越生气，很不甘心。

他主动提出，重组"正义联盟"，对郑国发动第二次攻击。上次联军杀到了新郑城下，这次一定要更进一步，直接攻破新郑城，一定要干掉宋冯。

卫州吁当然第一个响应，表示愿意追随大哥。陈、蔡没什么主见，大哥怎么说，小弟就怎么做。

这一次，正义联盟的实力又增强了。因为鲁国也加入进来了。

鲁国大司马鲁翚（huī）得到卫州吁的贿赂，极力主张加入联盟军，跟郑国斗上一斗，在国际上刷一刷鲁国的存在感。毕竟能在这种知名大片里出演一个重要角色的机会，对鲁国来说并不多。

当时的鲁国国君鲁息姑（鲁隐公）不愿报名参加此影片的拍摄工

> 055 <

作。但鲁犟先生却是一名电影艺术狂热爱好者,他压根不在乎鲁息姑是否同意,便私自报名了。他带着自己的一支私人部队,兴奋地加入了剧组。

鲁军的加入,让正义联盟的声势更加浩大。纵观当时的诸侯国,没有任何一个有把握战胜这样的联军。

郑国也没有把握。

所以,面对联军的进攻,郑寤生采取的策略,是避而不战。

他只是派了一支机动小部队,对联军进行骚扰。

郑军的这支机动部队,虽然很小,但作用很大。就像一只蚊子,在你头上嗡嗡嗡地响,你总是拍不着、也打不死,无可奈何。

联军原本计划跟郑军打一场大规模的野战,没想到郑军缩在城里根本不出来迎战。现在面对这样一支嗡嗡嗡的机动小部队,打又打不着,弄得心烦意乱。

当时是秋天,正是庄稼成熟的时节。愤懑之下,联军把郑国的庄稼狠狠地收割了一番,也算是出了一口恶气。

这场战争,名义上是郑国输了,其实,输的还是联军。

第一,宋军抓捕、杀掉宋冯的战略目的依然没有达到。

第二,联军出动数万人马,耗费无数人力、物力、财力,结果只收割了郑国一波庄稼,可谓得不偿失。

郑国呢,除了损失一些庄稼外,国力、军力上可以说毫发无伤。

损失最大的,是卫州吁。

第六章

大义灭亲

给个机会,想个人
机会 我做 好

卫州吁发起正义联盟攻打郑国的主要目的，是希望通过一场酣畅淋漓的大胜，来转移百姓的视线，平复他们的不满情绪，以稳固他的政权。

然而，他意想不到的是，两场战争下来，他一毛钱也没挣到。

战争反而导致国库空虚，国力下降，民不聊生，怨声载道。国内的反抗声浪一波接一波，都呼吁卫州吁下台。

好不容易夺来的政权，怎么可能轻易交出去？

卫州吁急得火烧火燎的，问计于石厚。

这个时候的石厚也没主意了。情急之下，他忽然想起了老爹来。石碏虽然早就退休了，但作为前任首席执政大夫，他的智慧并没有退休，依然在线。

石厚回家后，就把卫州吁的烦恼跟老爹诉说了，并向老爹请教，该如何解决这个问题。

石碏沉思良久，给出了一条建议："卫州吁之所以不得人心，最主要的原因，就是他弑君篡位，他这国君的位子是不合法的。如果他可以去朝觐周天子，获得周天子颁发的认证证书，从法理上确定他国君之位的合法性，那么，就能堵住国内那些反对势力的嘴，时局自然可以稳定下来。"

虽然那个时候诸侯们早就不搭理周天子了，但名义上，周天子仍然是天下共主，像卫州吁这种篡位的国君，也不是想见就能随便见得着的。按现在的话来说，得有门路才能见着国君。

石碏很快就指出了一条门路。

"陈国国君陈鲍（陈桓公）跟周天子关系相当不错，现在他又是咱们卫国的盟友。你可以让卫州吁亲自去一趟陈国,请陈鲍下次去朝觐周天子的时候,顺便带上他一块儿去。"

石厚认为这是个好主意,马上就去禀告卫州吁。

石碏乃是石厚的父亲,卫州吁自然对石碏的话深信不疑。于是,他叫人打点礼物,准备带上石厚,一块去陈国搞外交活动。

他完全没有想到,石碏给他设置了一个致命的陷阱。

石厚前脚刚出门,石碏一转身,就走入了自己的书房,研墨提笔,开始写一封信。

这封信,是写给陈国国君陈鲍先生的。

他在信中恳请陈鲍帮个忙,等卫州吁、石厚进入陈国边境,便派人将其二人抓捕。

然后,他派人快马加鞭,赶在卫州吁、石厚出国前,把信件快寄给了陈鲍。

他相信,陈鲍一定会帮他这个忙。

卫国跟陈国是同盟国,为什么石碏如此笃定陈鲍会抓捕卫国国君卫州吁、首席执政大夫石厚呢?

在石碏看来,有以下三个理由:其一,被弑杀的前任国君卫完,是陈鲍的表兄弟,血浓于水,为表兄弟报仇雪恨,陈鲍有这个责任和义务;其二,陈鲍很信奉周礼那一套,痛恨弑君篡位的违法犯罪行为,抓捕卫州吁、石厚,就是维护周礼,合乎道义;其三,郑寤生向来就藐视天子,而陈鲍跟天子关系却很密切,当初陈国跟卫国结盟去攻打郑国,纯粹是为了给天子出气,两国的盟友关系并不铁。

事实证明,石碏的判断无比正确。

卫州吁和石厚一踏入陈国边境,就被陈国军方轻松抓捕了。被抓的时候,他们还一脸迷糊:啥情况?我们是来搞友好外交的,不是来侵犯你们的。

军方压根儿不搭理他俩,只是派人向领导汇报:目标已经被逮捕,请指示。

陈鲍的指示是:囚禁起来,不要让他们跑喽,然后交给石碏处理。

石碏得到消息后,派了一个名叫丑的人去完成任务。

这个叫丑的人,是当时卫国的右宰。他以官职为氏,所以他的名字就叫右宰丑。他是卫州吁的反对派,早就看不惯卫州吁的叛乱行为,一门心思想干掉卫州吁。

现在,石碏给了他这样一个机会。

右宰丑来到囚禁卫州吁的濮邑(今河南省濮阳市东濮城),给卫州吁献上了老家的特产,让卫州吁饱餐了一顿。

卫州吁很感动,他以为右宰丑是来救他的。

右宰丑不是来救他的,而是来要他的命的。

就在卫州吁吃饭的时候,右宰丑抽出了身上的佩剑,刺进了卫州吁的心脏。

"我奉石碏老大人之命,为国杀贼!"

石厚也死了。

在石碏看来,石厚虽然是自己的儿子,但协助卫州吁弑君篡位,搞得卫国百姓饱受战争之苦,罪大恶极,罪不容赦。为了给卫国臣民一个交代,为了给祖宗一个交代,石碏决定,大义灭亲,杀掉石厚。

他派去的杀手,是自己的管家,名叫獳羊肩。

獳羊肩面对石厚,其实是有点不忍心下手的,毕竟石厚是他看着长大的。

我们完全可以用电影《无间道》里天台上的那段经典台词,来想象一下石厚与獳羊肩最后的对话。

石厚:"给我个机会。"

獳羊肩:"怎么给你机会?"

石厚:"我以前没得选择,现在我想做一个好人。"
獳羊肩:"好,跟我这把剑说,看它让不让你做好人。"
石厚:"那就是要我死?"
獳羊肩:"对不起,我只是个管家。"
獳羊肩以石碏的名义,杀掉了石厚。然后,他的眼泪流了出来。
养大一个儿子,不容易;杀掉这个儿子,更加不容易。

　　石碏派人将二公子卫晋从邢国接了回来。公元前718年1月,卫晋即位,是为卫宣公。
　　刚过去的那一年,对卫晋来说,是难忘的一年。
　　春天的时候,大哥卫完被杀,自己不得已流亡邢国;夏天的时候,他在邢国看着卫州吁牵头组建的正义联盟围攻新郑;秋天的时候,他听闻卫州吁被右宰丑杀掉；冬天的时候，他就被石碏风风光光迎回卫国。

在短短的一年时间里，经历了人生的大起大落。

面对这从天上掉下来的国君宝座，有过悲惨的流亡经历的卫晋，决定好好珍惜。

卫州吁一年内发动两次战争，极大地损耗了国力。现在卫晋最重要的工作，就是休养生息，发展经济，让卫国百姓过上和平稳定的幸福生活。

当然，他自己也过上了幸福的生活。

他的幸福生活体现在：把儿子的新媳妇儿直接抢了过来，变成自己的媳妇儿，还生了两个聪明可爱的孩子。

卫国历史上最大的丑闻爆发了。

第七章

新台之变

儿媳变儿妇，妇媳大离谱

卫晋其实是个苦命孩子,在三兄弟中,他是过得最不如意的那一个。

大哥卫完,原本也是庶子,但因为生母戴妫死得早,庄姜把他当亲儿子养育,他就成了嫡长子,顺理成章地被立为了太子。

小弟卫州吁,虽然出身卑微,却受到了老爹的宠爱。

卫晋的母亲跟卫州吁的母亲一样,也只是一个普通的宫女,而且很早就去世了。所以,他从小就缺少母爱。

庄姜在名义上是他的嫡母,但是庄姜把所有的爱都给了卫完,选择性忽视这个普普通通的庶子。

按照公室礼仪,他每天都要去拜见庄姜。

庄姜对他总是冷冰冰的,说的话也是例行公事,没有一丝嫡母该有的温暖。

但他却从另一个女人那里获得了母亲般的温暖。

那个女人,就是侍立在庄姜身边的夷姜。

夷姜,是庄姜嫁到卫国时从齐国带来的陪嫁女,俗称"媵(yìng)妾"。媵妾,也是老爹的小妾,名义上,就是卫晋的庶母。

夷姜没有孩子,所以,她对从小缺少母爱的卫晋给予了一定程度的关怀。

卫晋对这个美丽的庶母,产生了一种非常复杂的情感。他深深地迷恋上了夷姜。

公元前733年,卫扬去世了。

这对卫晋来说,是一个绝好的机会。在守孝期间,他悄悄地溜进了已经成为寡妇的夷姜的寝宫。

庶子跟庶母私通，这在公室是一个巨大的丑闻。

但是事情已经发生了，作为大哥的卫完也不好处罚弟弟和庶母，只好睁一只眼闭一只眼。

在大哥的默许下，卫晋更加胆大包天，直接把夷姜接到了自己的府宅，两人正式过起了没羞没臊的夫妻生活。

卫扬在世时，夷姜的肚子愣是一点反应也没有；现在换成卫晋，她的肚子像是灶台上的一壶开水，咕噜咕噜不住地翻腾，连续生了三个儿子：老大卫伋、老二卫黔牟、老三卫顽。

在接下来的十几年时间里，卫国连续发生了两次流血政变。卫晋成了那个最终的获益人。

根据周礼的规定，卫晋没法儿把庶母夷姜立为正室夫人，但他还是很讲情义的，他把跟夷姜生的大儿子卫伋立为了太子。

太子卫伋，在卫晋即位的这一年，已届十六岁，已经到了可以娶妻的年纪了。

此时，卫晋的嫡母庄姜还在世，庄姜决定把自己的小侄女介绍给孙子卫伋，亲上加亲（看这关系乱的）。

求婚使带着光荣的使命，来到了齐国临淄。

谁也没想到，很多人的命运，以及卫国的历史，都将因这个在历史上连名字都没有留下的求婚使而发生改变。

求婚使从齐国回来之后，就向卫晋汇报工作。

本来，这应该是一次普通的工作汇报，汇报完之后，就应该按照惯例，由太子卫伋亲自去齐国迎亲，然后在卫国举行盛大的婚礼，婚礼过后，新人送入洞房，太子和太子妃从此过上幸福的生活。

但这只是个美好的想象，现实并不是这样的。

求婚使向卫晋汇报工作的时候，添油加醋地将齐国公主夸奖了一番，称公主的美色天下无双，乃是人间极品。

对于这点，卫晋毫不怀疑，因为他的嫡母庄姜和庶母夷姜，都是绝色美女。

这个时候,求婚使忽然笑容谄媚地说:"如此人间美色,君上您为什么不自己占有呢?"

一瞬间,卫晋有点蒙。

什么?把儿媳妇变成媳妇儿?

老实说,虽然卫晋荒淫好色,但之前他还真没想过抢夺太子妃的事。

求婚使这么一说,他内心蠢蠢欲动起来。

但是他仍然很犹豫,如此扭曲人伦的丑事,传出去岂不是惹人笑话?

可是求婚使告诉他,您不要为此背上过重的道德包袱,因为抢儿子媳妇儿这种事,鲁国人已经干过一回了,也没什么。

求婚使指的是在鲁国第十三任国君鲁弗湟(鲁惠公)身上发生的一件丑闻。

鲁弗湟给庶长子鲁息姑迎娶了宋国国君宋司空(宋武公)的亲闺女仲子。仲子嫁过来之后,还没举行婚礼,鲁弗湟这个老色鬼一见儿媳妇的花容月貌,口水飞流三千尺,也不顾儿子的感受,直接把仲子召进寝宫,据为己有,后来还生了个老实乖巧的儿子。

鲁弗湟在位四十六年,执政期间,鲁国十分强盛,是中原大地一等一的强国。所以即使鲁弗湟抢了儿子的媳妇儿,他仍然是鲁国百姓公认的好国君,这从他的谥号"惠"就能看出。

经求婚使这么一说,卫晋恍然大悟,最后的一点心结也打开了。他决定以鲁惠公为榜样,彻底放飞自我,勇敢地去追求自己的幸福。

于是,他下令,在淇水河畔建了一座豪华宫殿,专门用来迎娶齐国公主。

他把这座豪华宫殿,取名"新台"。

在卫伋看来,这座新台当然是为自己的婚礼而建的,所以,他每天都盼着那一天到来。

他原想着，新台建成之日，就是自己前去齐国迎亲之时。

可是，等到新台建成之后，他却接到老爹派给他的一个出差任务：出使宋国。

虽然满心不解，但是，他不敢违抗父命，还是去了宋国。

当卫伋从宋国回到卫国的时候，他无比震惊地发现，他的媳妇儿，已经变成了他的后母。

同样无比震惊的人，还有齐国公主。因为卫晋死后的谥号是"宣"，所以，我们可以称她为宣姜。

宣姜也早就听说卫国太子卫伋是一位英俊潇洒的少年郎君，十三岁的宣姜早就芳心暗许，她对未来的幸福生活充满了向往。

但是，令她万万没想到的是，洞房花烛夜之时，掀开她红盖头的人，是一个中年大叔。

虽然这个中年大叔也很英俊，并且浑身散发着成熟男人的荷尔蒙气息，但是，她内心还是很难接受。

但不管她接不接受，面对这位权势熏天、身强力壮的卫国国君，她一个弱小的少女，是毫无反抗之力的。

她只能闭上眼睛，接受命运的安排。

几年之后，宣姜生了两个儿子——老大卫寿、老二卫朔。

宣姜是一个特别现实的女人。她清醒地知道，她的丈夫是卫国现任国君卫晋，而卫伋注定只是她少女时代一个美好的梦。这个梦，在她成为卫晋的女人之后，就彻底醒过来了。

从小生在公室之家，宣姜耳濡目染的都是权谋与斗争。现在，当她有了两个儿子之后，便感受到了来自太子卫伋的威胁。

她知道，卫伋一定恨极了他老爹，恨屋及乌，他一定也恨极了她这个变了心的媳妇儿，同样也恨极了她的儿子。一旦将来卫晋死了，卫伋即位，他会如何对待她们母子？

未来是充满风险的，而要消除风险的唯一办法，就是废掉卫伋，把自己的儿子扶上位。

当她确定了这个目标后，就开始日复一日地在卫晋耳旁吹风。

其实不用宣姜吹风，卫晋也早就想废掉卫伋了。

他抢了儿子的媳妇儿，心里多少是有些愧疚的，父子每次相见，都会比较尴尬。时日一久，他就讨厌起这个儿子来，平常根本就不想见到这个儿子。

但是，卫伋的太子之位，不是他想废就轻易能废得了的。

卫伋自从当上太子之后，为人处世贤明通达，受到了全国臣民的一致颂扬。

所以，要废掉卫伋的太子之位，必定会遭到公族和大臣们的反对。

就在卫晋犹豫不决的时候，他的另一个儿子助推了他一把，让他下定决心：既然废不掉，那就杀掉。

这个腹黑儿子，就是卫晋跟宣姜生的小儿子——卫朔。

卫朔有着巨大的野心，他想成为卫国国君。

在通往那个光芒万丈的宝座的道路上，矗立着两个庞大的障碍物：一个是现任太子卫伋，另一个，就是他亲哥哥卫寿。

要清除这两个障碍物，难度相当之高。

但是，再难的事，在极度膨胀的野心面前，都可以完成。

公元前701年的卫朔年方十五岁，这个年纪，要搁现在，正是读初中的时候，心智还没有成熟。

但是，十五岁的卫朔，却已经是一个精通人性的大师。

他对老爹卫晋、母亲宣姜、太子卫伋、哥哥卫寿及身边其他重要人物的性格、情感、思想、需求，无一不掌握得精准通透。

在他看来，他们每一个人，都是他手中的棋子，每一枚棋子的行走路线，都在他精确的计算范围之内。或许会有细微的偏差，但大局却在他牢牢的掌控之中。

　　他首先利用的就是母亲宣姜。他知道母亲内心一直有着强烈的不安全感，迫切地想废掉太子卫伋，然后扶立卫寿当太子。他坚定地支持母亲的想法，但同时他绝不会露出任何将来取代卫寿的想法，让母亲充分地信任自己。他不断地给母亲提出许多有建设性的建议，然后母亲会按照他的建议去做，给老爹吹枕边风，不断地动摇卫伋在老爹心中的地位。

　　他利用的第二个人，是卫伋。现在的卫伋已经三十多岁了，可在卫朔的眼中，就跟三岁没什么区别。对于周礼的那套"仁、义、礼、智、信"，卫伋相当推崇，并且百分百奉行。对父母孝顺，对兄弟友爱，对大臣恭敬，对百姓仁义。这是一个绝对完美的人设。但在卫朔看来，这种完美，就是卫伋最大的缺陷。卫朔已经计算好，就是要利用卫伋完美人设的特点，让卫伋自动走入他布好的死亡陷阱。

　　他利用的第三个人，是卫寿。卫寿也是一个接近完美的人，并且心思单纯。他爱弟弟卫朔，爱哥哥卫伋，由于卫伋将来会继承君位，所以在某种程度上，他更爱卫伋，在他心目中，卫伋作为现任太子及未来的国君，他的生命比自己的生命重要一百倍，为了卫伋，他可以不顾一切地付出自己的生命。这就是卫寿的特点，而这一个特点，正是卫朔可以利用的。

　　他利用的第四个人，是他的老爹。毫无疑问，只有老爹才是决定卫伋生死的终极人物。没有老爹的支持，他任何的策划都不可能成功。看起来老爹好像最难掌握，但其实，老爹是他整个布局中最容易拿捏的那一枚棋子。

　　现在，他要利用老爹，先除掉一个人。那个人看起来无足轻重，但实际上，那个人非死不可。只有除掉那个人，才能让卫伋失去心灵的保护神，心神大乱，智慧降低。

那个人，就是卫伋的母亲夷姜。

某一天，卫伋生日，邀请了几个兄弟一起喝酒。宴席上，卫伋与卫寿相谈甚欢，卫朔根本插不上嘴，很是尴尬。

一般人碰到这种局面，顶多心里抱怨几句。但是，卫朔却忽然灵光一闪，他想到了除掉夷姜的好办法。

宴席结束后，卫朔跑去宣姜那里，跟母亲扯了一个谎，说卫伋当着自己的面讥刺母亲，称母亲本来是他的媳妇儿，按辈分，卫朔应该叫他一声爸爸。

宣姜顿感羞辱，起身就要去卫晋那里告状。

卫朔连忙拉住母亲，告诉她，应该趁这个机会，狠狠地告上夷姜一状，让老爹除掉夷姜，夷姜一死，下一步除掉卫伋就容易多了。

宣姜也是一名优秀的表演艺术家，她跑到卫晋那里，一把鼻涕一把眼泪地哭诉，说太子强暴她，她奋力挣扎，宁死不从，太子还无耻地说，他母亲夷姜本来是君父的庶母，君父既然可以娶庶母为妻，他为什么不可以跟庶母同床共寝，更何况她本来就是他没过门的媳妇儿。

卫晋一听，气得火冒三丈。但当他冷静下来之后，觉得以他对大儿子的了解，大儿子应该不会对宣姜如此无礼。他决定，找一个人来问清楚，到底有没有这回事。

他找的人，就是卫寿。

卫寿一听，急了，认为这是妥妥的污蔑和诽谤。他举手发誓，以人格担保，大哥绝对不会做出这种违背伦理的事来。

虽然卫晋相信卫寿的话，但他仍对卫伋很不满。他不好直接去质问卫伋，于是把对卫伋的所有的不满，都发泄到了夷姜身上。

自从宣姜受宠之后，年老色衰的夷姜已经失宠十多年了。

卫晋把夷姜叫过来，对着她就是一顿咆哮，严厉指责她没有好好地教育卫伋，没有尽到一个母亲的职责，是一个失职又失败的母亲。

夷姜虽然是妾，但她出身同样很高贵，是齐国宗室之女，从小就娇生惯养，心性高傲。身为太子的儿子在朝中的优异表现、在臣民心中的完美形象，都充分说明她这个做母亲的教导是尽善尽美的。而现在，她的丈夫无端地污蔑她、指责她，让她觉得世上最大冤屈莫过于此。

当天晚上，夷姜自缢身亡。

卫伋哭了，卫朔笑了。

陷入悲痛之中的卫伋，正是最脆弱的时候，也是卫朔最好下手的时候。

上天给卫朔送来了一次绝佳的机会。

齐国准备攻打纪国，为了提高获胜的概率，要求卫国出兵相助。

作为姻亲国，卫国出兵帮助齐国攻打纪国，本来是一件十分普通的事。

但是，卫朔却从这件普通的事里，找到了除掉卫伋的机会。

更加厉害的是，他想出了一个"一石二鸟"的计划。

他打算利用卫国出兵这个事，一次性除掉卫伋和卫寿。

卫朔第一个利用的对象，仍然是他那个愚蠢的母亲。

他对母亲说，夷姜自杀，卫伋恨死我们母子了，他一旦即位，必定会杀掉我们母子，为夷姜报仇，所以我们必须趁早下手。

宣姜一听，认为很有道理，于是跑到卫晋面前，再一次开始了她精彩绝伦的表演。

夷姜死后，卫伋只在灵前安安静静地守孝，一句话都不敢乱说。但是宣姜在卫晋面前是这样哭诉的："太子卫伋怨恨母亲死于非命，放言以后一定要我们母子偿命，您可一定要为我们做主啊！"

当然，只是这样还不能打动卫晋。

宣姜在哭诉中不断暗示，太子不仅想要她们母子的命，还可能要他卫晋的命。

这个世界上,卫晋最看重的两样东西,一个是权力,一个就是性命。

如果有谁胆敢威胁到他的这两样东西,他一定会不惜一切代价致对方于死命。

即使是他的亲生儿子。

在这一刻,他终于下定决心,除掉太子。

前面已经说过,卫伋深得全国臣民的称赞和拥护,毫无理由废掉他,会遭到大臣们的强烈反对。

既然废不掉,那就只有杀掉。

当然,也不能公然杀掉太子,那样肯定会在卫国掀起一场不亚于八级地震的政治动乱。

现在唯一的方式,就是派人将其悄悄杀害,不留一丝痕迹,这样自己就不用承受来自臣民的指责。

那要怎样才能完成这一个高难度的任务呢?

宣姜背后的总策划人卫朔同学,这时露出了他的身影。

卫朔告诉卫晋他的计划:现在齐国要求我们卫国出兵去攻打纪国,需要派使者去齐国约定出兵的时间,您就派太子出使齐国。我们先派一群死士假扮成强盗埋伏在齐国境内的莘野(今山东省聊城市西南部,冀鲁豫三省交界处),等使船抵达莘野,太子登岸时,对其进行刺杀。

卫晋对这个计划连连称赞。这个计划的完美之处就在于,既除掉了太子,也不会让卫国臣民怀疑到他卫晋身上。

他把刺杀太子的任务,全权交给了卫朔。

他也想好了,等杀掉了太子,就马上立卫寿为太子。

他绝对想不到,此时此刻,卫朔心里的想法:我绝对不会为别人做嫁衣裳,我精心策划的这一切,都是为了我自己!

卫朔平常暗中养了一批绝对忠诚于他的死士。

他回到府宅,在深夜召集这些死士,给他们布置了刺杀的任务,并交代了一些需要注意的地方。

太子从朝歌出发，走的是水路，在淇水上，有很多来往的船只。如何判断哪艘船是太子的呢？

卫朔告诉他们："太子乘坐的大船上，会悬挂着白色旄节，这是卫国使节的标帜。"

"只要是悬挂着白色旄节的船只，就必定是太子乘坐的使船，你们见到后，什么都不必问，直接杀过去！"

死士们领命而去。

接下来，卫朔开始实施他"一石二鸟"计划中的第二个步骤。

刺杀太子，是重大的机密，除了那批死士外，就只有卫晋、宣姜和他卫朔三人知晓。

还有一个人必须知晓这个机密，否则无法完成计划。

这个人，就是他的亲哥哥卫寿。

一旦卫寿知晓了这个机密，以他对卫寿的了解，卫寿一定会主动走进他在莘野布置好的那个死亡陷阱。

他当然不会亲自出面去向卫寿透露那个机密。

他再次利用了他的母亲。

宣姜这个时候激动难耐。根据卫朔的计划，这次卫伋必死无疑。卫伋一死，大儿子卫寿就可以成为太子。现在卫晋也老了，身体一天不如一天，可能过不了多久，就会挂掉。到时候一旦卫寿即位，她宣姜就是卫国的太夫人。

从此以后，再也没有谁能够威胁到她的人身安全。她的人生，将走上巅峰。

就在这个时候，卫寿来拜见她。

卫寿对卫朔这个弟弟太了解了，他看到老爹单独召见弟弟，生怕弟弟有什么阴谋诡计。心存怀疑的他，就向母亲探试口风。

宣姜兴奋不已，她决定提前告知大儿子这个好消息，让他做好当太子的心理准备，便一五一十地把刺杀太子的机密，尽数透露给大儿子。

卫寿很是震惊，但他表面不动声色，躬身退下之后，一出门，立即跳上马车。打听到卫伋已经出发，便向着淇水码头一路狂奔追去。

到了码头，幸好使船还没开走。

卫寿登上使船，见到卫伋，立即把老爹准备派人在莘野刺杀他的消息告诉了他，然后劝他赶紧逃跑。

卫伋平常最讲究"仁、义、礼、智、信"，看起来很单纯，但他绝对不是一个傻子。他早就知道老爹看不惯他，一直都想废了他，现在派人刺杀他，也不是不可能。

他母亲刚刚去世，内心本来已经悲痛欲绝，现在听到老爹又派人刺杀他，顿时他的精神世界崩塌了。

放眼世界，即使能逃，又能逃到哪里去？即使逃了出去，母亲已死，父亲绝情，这样一个黑暗荒芜的世界，活着又有什么意思？

在这一刻，他死志已明。

但他并没有跟这个一向交好的弟弟表露他真实的想法，只是笑了笑，表示他绝对不相信老爹会派人刺杀自己。

"我会按照原定计划，出使齐国，完成君父交给我的使命。"

卫寿见大哥执迷不悟，一股悲壮之情从心底涌出。

为兄弟，他是弟；为君臣，他是臣。弟为兄死，臣为君死，死得其所。

他决定，代替大哥出使齐国，牺牲自己，保全大哥。

于是，他也不再劝大哥，而是拼命给大哥灌酒，以示践行。

卫伋知道这是跟卫寿最后一次喝酒，心情十分悲伤，于是敞开了肚子一顿猛喝。

没过多久，卫伋醉倒了。

卫寿取过竹简，写了几个字："我已代你前往齐国，你赶快逃命吧！"

然后他命人把卫伋搬到自己的船只上，他则乘坐卫伋的使船，命船夫立即开船。

使船开到了莘野。

卫寿知道，这里就是他身死之处。

这是他自己的选择，他无怨无悔。

接下来，他知道，还需要演一场戏。虽然他不是表演系科班出身，但是他的演技那是相当精湛。

弃舟登岸后，看到强盗们一个个凶神恶煞地拦在路前，他开始了表演，大声叫道："我是卫国太子，奉命出使齐国。你们是何人，胆敢拦我去路？"

强盗们之前并不认识太子，见这位贵公子自称是太子，心想杀的就是你，挥着刀剑就砍了过来，顿时将卫寿砍死。然后他们砍下卫寿的脑袋，装到一个盒子里，乘坐使船返回朝歌。

卫伋酒醒后，看到卫寿留在竹简上的字，心中大痛，不住地顿足。

他立刻乘坐卫寿的船只向莘野急速行驶而去。他心中存着万分之一的希望，希望能赶上卫寿乘坐的使船，阻止他去莘野。

很快，他看到了那艘使船，正行驶过来。

他以为卫寿返回了，大喜，忙叫住了使船。

他登上使船之后，才知道，船上的那帮强盗，已经将卫寿当作太子杀掉了。

他眼泪掉了下来，无比心痛，不由说出了真相："其实，我才是真正的太子。你们刚才杀的，是我的弟弟公子寿。你们杀错了人，回去不好交差。你们把我杀了吧，把我的头献给我君父。"

死士们简直不敢相信，这世上还有主动来领死的太子。但是看到眼前这个人，气质高贵，说话诚恳，真情流露，确信他所言非虚，大喜之下，立刻将卫伋杀死，并砍下他的头颅。

看到儿子卫寿的头颅，宣姜直接就崩溃掉了。

不，这不是她要的结果！

她要的是卫寿成为太子，来继承卫国国君之位。

她知道卫寿心地善良，但是她万万料想不到，卫寿如此之傻，居然代替卫伋去死。

在号啕痛哭之中，有一个模模糊糊的想法忽然间在他脑子里萌生出来，并且越来越清晰。

她终于意识到，卫寿之死，其实就是小儿子卫朔精心策划的。而她只不过是卫朔的一枚棋子而已。

当她得知事情的真相，更加悲痛欲绝，肝肠寸断。

但是，她不会把这个真相告诉卫晋。木已成舟，不管如何，卫朔也是她的亲生儿子，是她现在唯一的希望。只要卫朔能成为太子，她的目标至少也实现了一部分。

同样陷入崩溃的，还有卫晋。

在这个世界上，虽说他最看重的就是权力和自己的性命，但是，父子连心，当他看到两个儿子，尤其是他一直寄予厚望的卫寿的头颅摆在他面前的时候，他还是承受不了这个沉重的打击。

他猛然意识到，这一切，都是卫朔的阴谋诡计。

他马上把卫朔叫过来，冷冷地问他："这是你策划的吧？"

按说，到了这个时候，大家都是聪明人，卫朔也不必遮遮掩掩了。但卫朔知道，无论如何，他都不能承认。一旦承认，自己就当不了太子。

"这绝对不是我策划的，一定是那帮死士在执行的过程中出了差错！"

卫晋下达命令："那你立即把那帮死士交出来，我要亲自审讯

他们！"

  卫朔当然不敢交出那帮死士，若是一对质，什么都完了。

  他唯唯诺诺地答应着，退下之后，他立即将那帮参与刺杀的死士灭了口。

  此时的卫晋，已经无可奈何。现在他只剩下卫朔这一个儿子了，就算跟那帮死士对质，挖出真相，那又如何？他是不可能处理卫朔的。

  相反，他还不得不把卫朔立为太子，继承他的大业。

  五十多岁的他，垂垂老矣，本来身体就不好，受到这个打击后，身体很快就垮了下去。

  公元前700年，卫晋去世。

  卫朔以太子的身份即位，是为卫惠公。

我们梳理一下卫朔的整个夺权计划，不得不惊叹，他把身边每个人都拿捏得死死的，所有的人都在他的棋盘里，按照他的意志在走，一步差错都没有。

　　他已经不止是聪明，而是智慧了。

　　虽然卫朔"一石二鸟"的计划无比缜密，除了卫晋、宣姜外，无人知晓，但时日一长，经过众人抽丝剥茧的分析，他的计划终究还是暴露出来了。

　　将那个心狠手辣、无情无义的国君赶下台去！

　　为太子卫伋和公子卫寿报仇雪恨！

　　卫国的一批大臣发出了愤怒的呼喊。

　　这些大臣的代表人物，一个叫卫泄，一个叫卫职。

　　一场腥风血雨的政变，再次拉开了序幕。

第八章

卫朔复辟

令人大无语的伦理事件

◉

卫泄和卫职，是卫晋同父异母的弟弟，时人称他们为左公子、右公子。

这两位公子，学识渊博，品德高尚，身份高贵，地位尊崇，在卫国拥有极高的声望。

卫晋十分信任这两个弟弟，他把卫伋交给右公子卫职辅佐，把卫寿交给左公子卫泄辅佐。

两位贤公子悉心教导出来的两个学生，都是那么出色、那么善良，在卫国每年年终的优秀工作者评选活动中，都斩获"青年道德标兵"荣誉称号。

毫无疑问，他们对各自的学生，都寄予了极大的厚望。

明面上，这两位贤公子，作为亲兄弟，是相亲相爱的。但实际上，他们也是一对竞争对手。

他们竞争的终极职位，就是卫国首席执政大夫。

表面上看起来，卫职似乎已经预定了首席执政大夫的职位，因为他的学生卫伋是太子；但卫泄不会甘心认输，因为卫晋明显更宠爱卫寿，一直有意废掉卫伋。

两兄弟都对未来抱有很大的希望。

但是，随着卫伋、卫寿被杀，他们的希望和梦想在同一时间破灭了。

这让两个明争暗斗的兄弟，坚定地站在了同一战壕。

当他们查明这一切都是卫朔策划时，他们击掌发誓：一定要将卫朔赶下台，为两个优秀的学生讨回公道。

卫朔一上台，立即罢免了卫泄和卫职在朝中的职位，任命自己十分信任的大臣执掌军政大权。

卫泄、卫职知道，如果想复仇，就必须韬光养晦，积蓄力量，等待最好的时机。

他们像两只鹌鹑一样,埋下自己的头,将自己隐藏起来,远远逃离了卫朔的视野。

卫朔知道自己得位不正,为了平复百姓对他的不满情绪,他积极参与国际事务,以此转移百姓的视线。老爹还没下葬,他就联合齐国、宋国、南燕国组成全新的正义联盟,跟郑国、纪国、鲁国组成的全新的复仇者联盟,进行了一次武力对抗赛。

历史上,正义联盟打复仇者联盟就从没赢过,这一次,也毫无意外,败了。

国际战场上的失利,引发了卫国百姓对卫朔进一步的不满,大街上到处贴满了标语,让卫朔下台。

卫朔感到了巨大的危机,此时他想起了他的叔叔卫州吁。为了不重蹈叔叔悲惨的覆辙,他迫切地需要发动一场更大规模的战争,获得一场大胜,来挽回自己的声誉。

第二年,也就是公元前698年,正义联盟又重新组建起来。现在的正义联盟更加强大,包括宋、齐、蔡、陈、卫五国。

为了保证这场战争的胜利,正义联盟采取了闪电战,不待复仇者联盟组建,直接攻打郑国。这一次,五国联军以雷霆之势,攻破了新郑的渠门,在新郑渠门城内烧杀抢掠,直接把郑国太庙的椽子也取了下来,拿去做了宋国卢门的椽子。

这是二十一年来,正义联盟取得的唯一一次、也是最大的一次胜利。

这次国际战场上的胜利,点燃了卫国百姓的爱国热情,同时也平复了卫国百姓的怨恨情绪,卫朔的威望提高了,位子也就此坐稳了。

卫朔志得意满,他知道,如果想巩固好自己的统治,就必须不断地对外发动战争,不断地取得胜利。

一个实际情况是,自从卫州吁弑君篡位以来,卫国历经变乱,国力下降，从之前的一流强国变成了二流强国。卫朔精通权谋，同时也有着宏图壮志，他希望通过自己的努力，让卫国重回一流强国的地位。

如果能实现这个目标，那他将是卫国历史上继卫武公之后，又一名伟大的国君。到时候，卫国人会彻底忘记他耍阴谋诡计杀掉两个亲哥哥的黑历史，而到处歌颂并传播他伟大的丰功伟绩。

公元前697年，卫与宋、鲁、陈三国又重新组建正义联盟，攻打郑国。

原以为以四国之力攻打郑国，可以复制去年的成功。但郑国这次吸取了上次失败的教训，以强大的实力抵挡住了正义联盟一波波的攻势。正义联盟无功而返。

经过去年的胜利，卫国百姓原本对卫朔中兴卫国寄予了巨大的希望，而这次失败，让卫国百姓清醒了过来：卫朔挑不起这副中兴卫国的重担。

怨恨不满再次布满了朝歌城。

卫朔不甘心失败，公元前696年4月，卫国联合宋、鲁、蔡三国，第四次攻打郑国。

他万万没想到的是，自己在前线打仗，卫国国内以卫泄、卫职为首的反对势力，已经在谋划发动政变，企图推翻他的政权了。

卫泄、卫职之所以在前几次对外战争中，一直没有任何动静，一是积蓄力量，二是麻痹卫朔，让卫朔误以为他们放弃了。

卫朔的自以为是，让他在第四次亲自率领军队去攻打郑国的时候，放松了对国内的防备。

卫泄、卫职看到了最好的机会，他们决定趁卫朔在国外打仗时，发动政变，拥立一个新的公子即位为国君。

按照继承制，此时只有两个人有合法的继承权，那就是前太子卫伋的两个弟弟，一个是老二卫黔牟，一个是老三卫顽。

其中，老三卫顽不在国内。当年，卫朔即位后，卫顽生怕祸事上身，忙不迭地带着家眷跑到齐国去了。

所以，现在的情况，唯有拥立卫黔牟。

更何况，卫黔牟还有一个特殊的身份，他的夫人是周天子的女儿，也就是说，卫黔牟是王室女婿。

这个身份非常重要。

我们要清楚的一点是，不管卫朔要了怎样的阴谋手段，他都是以正儿八经的太子身份继承老爹的国君之位的，在程序上，是绝对合法的。

而篡位，不管多么具有正义性，都是非法的。

但是，如果能得到周天子的承认，那么这种非法就能转变成合法。

以卫黔牟王室女婿的身份，篡位之后，他应该很容易就会得到王室的承认。

所以，不管从哪方面来讲，拥立卫黔牟为君都是最好的选择。

这次正义联盟攻打郑国，从4月一直持续到11月，胜负始终未分。

卫泄、卫职趁此机会，在国内发动了舆论宣传，大肆宣扬一个假消息：卫公伐郑，兵败身死。

卫国百姓顿时慌了。

国君战死，国内无君主，这可如何是好？

卫泄、卫职立即站了出来，在朝堂上向所有大臣们宣布：既然卫公战死，国不可一日无主，我们应拥立公子黔牟为国君。

同时，为了让所有的大臣支持卫黔牟，他们首次公布了当年卫朔构陷卫伋、卫寿的阴谋诡计。

大臣们听到卫朔以如此无耻的手段上位，无不义愤填膺，纷纷表示，坚决支持卫黔牟。

于是，卫黔牟正式即位。

卫黔牟即位后的第一件事，就是重新为卫伋、卫寿两位兄弟发丧，用这种方式向卫国百姓宣布，他揭露了黑暗、伸张了正义，他的即位是合法的。

当然，光是这样还不够，为了从法律上获得即位的合法性，他立即派使臣赶往洛邑，向周天子禀明事情的经过，申请获得周天子对他国君之位合法性的认可。

为了防止卫朔率军打回来，卫黔牟还派大臣宁跪率领大军驻扎在朝歌城郊外。

当然，卫黔牟的这些旨意，都是在卫泄、卫职两人的指导下完成的，动作可谓娴熟至极，滴水不漏。

现在，大事基本已定，只有一个人亟待解决。

这个人就是宣姜。

宣姜是卫黔牟的死敌，他的亲生母亲夷姜正是宣姜害死的，大哥卫伋的死跟她也脱不了干系。

这个恶毒的女人，非死不可。

卫黔牟把杀死宣姜的命令下达给了卫泄、卫职。

卫泄对此表示赞成，他准备执行卫黔牟的命令。

但卫职却表示反对，理由是宣姜是齐国公主，如果得罪了齐国，以齐国现在的实力，攻打卫国，卫国根本无法抵抗，所以保险起见，只将她软禁起来就行了。

很显然，卫职的见识更加高明。

不被仇恨冲昏头脑，永远以国家的利益为行事的衡量标准，这才是一个真正成熟的政治家该有的风范。

卫朔很郁闷。在外边打了一场仗，也算是为国征战，仗没打完，自己国君的位子就被宣布失效了。

他亲自率领的那支军队，此时也选择站在正义的一边，抛弃了卫朔。

此时的卫朔真的成了孤家寡人，他只好急急忙忙地逃往齐国。

此时的齐国国君，名叫吕诸儿，是他的大舅舅。

他向大舅舅求救，让大舅舅率领齐国大军攻打卫国，帮他夺回国君之位。

"只要您助我夺回君位，卫国公宫内的奇珍异宝，您想要多少，就拿多少。"

吕诸儿心动了，他向外甥承诺，到时一定出兵伐卫，助他复辟。

此时的齐国是中原第一大诸侯国，实力超群，打败卫国那是易如反掌。

卫朔放心了。他甚至幻想，复辟之后要如何严惩卫黔牟，尤其是政变的主谋卫泄、卫职，他一定要杀掉那两人，以泄心头之恨。

然而，他的幻想很快成空了。

因为，吕诸儿失信了。

吕诸儿本是真心诚意想帮助外甥复辟的，但一件重要的事打乱了他的计划。

这个事，就是婚姻大事。

他之前就向周天子求亲，希望天子把他年轻娇美的女儿下嫁给自己。

答应外甥出兵攻伐卫国的时候，他还没有得到周天子关于婚事的答复。

现在，周天子的答复下来了：赐婚齐侯。

吕诸儿马上取消了伐卫的计划，原因很简单：卫黔牟是周天子的女婿，我也是周天子的女婿，论关系，卫黔牟还是我姐夫。我的婚事刚刚定下来，我不想因此令天子对我产生什么不好的印象。这个伐卫的事，就先缓一缓吧！

于是，这个事就无限期地搁置了下来。

吕诸儿计划伐卫，帮卫朔复辟，一方面，固然是卫朔许以他重金贿赂；另一方面，也是为了解救他那个被软禁在别宫里的妹妹宣姜。

对于一母同胞的妹妹，从个人感情上来说，吕诸儿还是很有情义的。

既然现在无法帮助外甥复辟，那也必须想个办法解救妹妹。

打又不能打，通过正常的外交途径交涉，卫国也未必会答应，毕竟宣姜女士在卫国的声誉臭不可闻。

吕诸儿左思右想，想出了一个天才的办法。

这个办法，就是通婚。

怎么个通婚法呢？

在齐国流亡的卫国贵族人士，除了卫朔这个前任国君外，还有一个人，那就是卫朔同父异母的兄弟——卫顽。

吕诸儿的具体操作办法如下：将妹妹宣姜许配给卫顽，这样宣姜在卫国国内就有了一个新的身份——公子顽的正室夫人，如此一来，宣姜就可以从别宫被释放出来，获得自由。

更加重要的是，他自认为是一个信守承诺的人，既然当初答应了卫朔要出兵帮他复辟，这个事迟早要干，而卫朔要成功复辟，除了需要一个强大的外援，也需要一个强大的内应。而宣姜作为卫朔的母亲，就是那个可以充当内应的角色。

他为自己这个天才的办法拍案叫绝，然后立刻派人去把卫顽叫过来，命令他回去娶宣姜。

卫顽的第一反应就是惊愕，然后就是断然拒绝。

拒绝的理由当然很充分：宣姜是我嫡母，让我去娶我的嫡母，这种有失人伦道德的事，打死我也不干。

——你爹不也娶过他的庶母吗？

——我爹是我爹，我是我，别把我们俩扯在一起。

——真的打死也不娶吗？

——当然是真的。

——好,那就打死!

嘴硬的卫顽在吕诸儿的死亡威胁之下,立马就怂了,表示我刚才只是开玩笑,我娶还不行吗?

在齐国流亡了四年的卫顽,就这样被遣返回国了。

对于卫顽迎娶宣姜这事,卫国君臣一致表示欢迎。在他们看来,宣姜一直凭借着儿子卫朔的国君地位,以卫宣公妾妃的身份僭位中宫,这本来就是非法的。如今,一旦嫁给卫顽,卫国自然就可以把她正宫太夫人的头衔给废掉了。

更重要的是,通过这个新的婚事,卫国可以与齐国维持原来的盟友关系。

那对于这桩婚事,当事人之一宣姜又是什么态度呢?

此时的她,老公死了,大儿子死了,小儿子在齐国流亡,在卫国她已经没有任何依靠。可以说,她对人生已经彻底绝望了。

但年轻的卫顽的出现,让她感觉人生即将迎来一个美好的春天。

事实上,在那个君权当道的时代,宣姜对自己的婚姻大事是没有任何自主权的。从始至终,她都只是政治交易的工具。

她曾经在年少的时候嫁过两次,一次嫁给年少的卫伋,一次嫁给中年大叔卫晋。现在,她迎来了人生当中的第三次被嫁。

不管是开心还是痛苦,她都必须接受这次交易。

现在,又是一次洞房花烛夜。

面对这个曾经的庶子,现在的老公,宣姜跟卫顽一样内心情感复杂。

"我虽然不年轻了,但我还能生。"

宣姜真的很能生,在接下来不到十年的时间,三四十岁的宣姜一口气又生了五个孩子,包括三个男孩和两个女孩。

值得一提的是,这些孩子里,其中两个男孩后来成了卫国的国君,一个是卫戴公卫申,一个是卫文公卫毁;两个女孩成了诸侯的正室夫人,一个是宋桓公宋御说的夫人,一个是许穆公许新臣的夫人。

她完成了她的使命。

在历史上,一女侍三夫的宣姜给人留下了一个淫乱的形象。

但事实上,我看到的是一个贵族女子流着泪水的悲惨故事。这样的故事,在五千年,甚至更长时间的中国历史上,在每一个朝代、每一个地方,都在重复发生着。

卫朔没有去卫国参加自己母亲的婚礼,但他在齐国参加了大舅舅的婚礼。

这个新的大舅妈,比二十一岁的卫朔还小七八岁。

宴席上,卫朔吃的是喜酒,吞的却是苦酒。

他知道,只要新大舅妈在世一日,大舅舅就绝不可能发兵卫国助他复辟。

目前看来,他的余生,只能在齐国养老了。

但是,老天不会辜负一个有梦想的人,不到一年时间,老天就给他带来了惊喜。

新大舅妈病死了。

听到这个消息,卫朔高兴得一跃而起,立马赶去公宫,装模作样掉了几滴眼泪,说了句"节哀顺变"后,就郑重提出,希望大舅舅您遵守当初的承诺,发兵卫国助我复辟。

吕诸儿的确没忘记当初的承诺,但他表示,我现在还有更重要的事要去处理,比如灭掉纪国,报齐国九世之仇。你这个事是小事,先等等,放心我迟早会帮你。

卫朔很绝望。

公元前699年,正义联盟和复仇者联盟打了一仗,正义联盟惨败。纪国,是复仇者联盟成员;齐国和卫国,是正义联盟成员。那一场惨败的情形,卫朔至今想起来都心有余悸。

另外,就在今年(公元前695年),在鲁国的居中调和下,齐国与纪国还达成了一个互不侵犯条约。

自从纪侯唆使天子周夷烹掉吕不辰以来,齐国与纪国打了一百九十年了,照目前这个情况发展下去,再打一百九十年也不是不可能。

想到这里,卫朔眼泪都要掉下来了。

但他敬爱的大舅舅告诉他,用不了那么久,五年之内,我一定灭掉纪国。

吕诸儿这样说,是有他的道理的。

虽然齐国跟纪国签订了一份互不侵犯条约,但实际上,那份条约只是一个草案,并没有形成具有法律约束意义的正式条约。换句话说,那份所谓的条约,根本就是一张废纸。

事实也的确是这样,就在同年,齐国跟和事佬鲁国打了一仗,正式宣布不久前跟纪国签订的那份草案作废。

接下来,国际形势又发生了巨大的变化,吕诸儿先后杀掉了鲁国国君鲁允和郑国国君郑亹。作为纪国的同盟国兼保护国,鲁、郑两国自身都难保了,弱小的纪国独自面对齐国,灭国也只是时间问题了。

公元前690年,齐国大军一鼓作气,攻破纪国都城。纪国就此灭亡。

灭掉纪国的第一时间,卫朔就去拜访大舅舅,再次提醒他,请他信守承诺,出兵伐卫,助他复辟。

吕诸儿拍着胸脯表示,你这个事,我一直都放在心上。我答应过的事,从不反悔。

公元前688年,齐、鲁、宋、陈、蔡五国组成了新的正义联盟,打着为卫朔复辟的旗帜,攻伐卫国。

以卫国当时的实力,跟上边任何一个诸侯国单挑,都不敢轻言必胜。现在,以一对五,结局实在是没有任何悬念。

卫黔牟急了,跟卫泄、卫职紧急商议解决办法。

商议来商议去,只想到一个办法,那就是马上派人去洛邑,请求周王室派兵相助。

看在女婿的面子上,周天子应该会出兵相助。但是,以成周八师那点战斗力,打得赢强大的正义联盟吗?

打不赢。

现在,卫黔牟唯一的指望,就是周天子利用他那点残存的权威,号召几个诸侯国派兵来救援。

事实证明,卫黔牟还是高估了周天子的权威。周天子很愿意帮助这个女婿,但是,没有任何一个诸侯国愿意听从旨意,派兵去援救卫国。

最后，还是一个叫周突的王室成员主动申请率兵援卫。

但王室拨给他的兵力十分有限，只有两百乘，也就七千人左右。

这么点兵力，跟联盟对抗，无异于以卵击石。

结果也的确是这样，周突跟正义联盟一番交战，最后全军覆没，他也自杀身亡。

听说来救援的天子之师全军覆没，原本就没有信心的卫军士气更加低落。

在五国联军强大的攻势之下，朝歌城陷落了。

卫泄、卫职保护着卫黔牟一路杀了出去。他们准备逃往洛邑，只要能逃到洛邑，在周王室的保护下，至少还能留一条性命。

他们奋力杀敌，竭尽全力冲出了重重包围圈。

希望就在眼前。

但是，他们没能高兴多久。

一支鲁军挡住了他们的去路。

此时，他们身边已经没剩下多少侍卫了。

又经过一番奋力厮杀，只逃出了一个人，那就是在卫国地位仅次于卫泄、卫职的卫军总司令跪宁。

卫黔牟、卫泄、卫职三人全部被俘。

三人被带到了吕诸儿面前。

关于这三个人如何处理，吕诸儿早就有了主意。

没有过多的询问，他干脆利落地杀掉了卫泄、卫职。

至于卫黔牟，看在是姐夫的分儿上，他派人把卫黔牟送往了洛邑。

卫朔在大军的护送下，昂首挺胸地走进了朝歌城中的公宫。

他仰头看着这座雄伟的公宫，热泪盈眶。

这里，他太熟悉了。

经过八年的流亡,今天,他终于又杀回来了。

他发誓,他不会再犯从前的错误,他将在卫国国君这个位子上,长久地坐下去,直到寿终正寝的那天,再把位子传给他的儿子。

次日一大早,整个公宫钟鼓齐鸣。

卫朔再次即位。

他遵守了当初向他大舅舅做出的承诺,将公宫里所藏的大部分奇珍异宝,都送给了大舅舅。

然后,他把剩下的奇珍异宝,均分送给了其他几个诸侯国。

奇珍异宝,乃身外之物,他要的,只有国君的宝座。

只要坐在这个位子上,一切,都会有的。

复辟之后,卫朔的故事还没有结束。

十三年后,周王室爆发了"王子颓之乱",卫朔在那次政变中,支持叛乱的王子颓,帮助王子颓成功登上王位。

那是另一个精彩的故事了。

把时间调回公元前718年。那年年初,卫晋即位。

就在卫晋即位几个月后,也就是公元前718年4月,郑寤生为了报东门之仇,秉着"弟债兄还"的原则,率军攻打卫国。

郑寤生执政生涯中一系列精彩的复仇之战,自此拉开了序幕。

第九章

复仇之战

别急，秋后算账一个一个来

东门之围，对郑寤生来说，是一生的耻辱。

虽然他用高超的谋略，轻松巧妙地化解了那场声势浩大的围城危机，但是，他内心深处仍然有一种深深的挫败感。

这种挫败感产生的原因是郑国号称很强大，却让四国联军轻松地长驱直入，直接攻到了新郑城下。

说实话，要不是宋国志在宋冯，说不定，新郑城当时就破了。一旦城破，郑寤生只有两个结局：要么就是被迫与联军签下耻辱的城下之盟，要么就是去天上见他老爹。

在感到庆幸的同时，郑寤生也对卫、宋两国产生了深入骨髓的仇恨。

必须要报复他们！

必须要让他们见识我郑国真正的实力！

必须要在国际上重新树立我郑寤生伟大光辉的形象！

一番厉兵秣马之后，郑寤生没打招呼，亲自率领一支强大的军队，向卫国发动了战争。

郑军一路势如破竹，如闪电一般，攻到了卫国都城朝歌郊外。

拿下朝歌，用卫晋的头颅，为去年在东门之围中死去的兄弟们报仇！

刚刚即位不久的卫晋并没有慌乱。他一边组织卫军抵挡郑军猛烈的攻击，一边采取了有效的外交攻势。

他派人出使隔壁邻居南燕国（今河南省延津市东北），说服南燕国国君帮忙："你去攻打郑国，缓解一下我这边的压力，事后绝对不会忘记你的好处。"

南燕国是一个极小的诸侯国。只要南燕国国君稍微有点脑子，都不会答应卫国去跟郑国为敌，毕竟得罪郑寤生，可不是闹着玩儿的。

但可惜南燕国国君是个没脑子的人。南燕国一直以来在国际社会上都是默默无闻的，这让他感觉太寂寞了，他很想趁此机会刷一刷存在感。

于是，他答应了卫国的请求，派兵进攻郑国。

说实话，要不是南燕国派兵支援卫国，我们真不知道这世上还有南燕国这么小的一个诸侯国。如果从出名这点来看，恭喜南燕国国君，你成功红了。

南燕国派了一支军队，就像一头刚出生的小牛犊，无所畏惧地朝郑国奔去。

郑寤生以一线大佬的身份，看到十八线小网红南燕国居然出兵攻打自己，不由得笑出了声。

他从容地调度兵马。

首先，他派祭足、原繁、泄驾三名大将率领一支军队驻扎在南燕军进攻郑国路线的前面，以逸待劳。

然后，他派儿子郑忽、郑突率领一支军队，悄悄地绕到了南燕军的后面。

就这样，郑军很快对南燕军进行前后包夹。

像南燕军这种没脑子的网红小部队，完全没有打仗的经验，正应了一句歇后语：野鸡钻草垛——顾头不顾尾。

当他们兴冲冲地赶到郑国境内的北制（今河南省荥阳市）时，郑忽、郑突的军队从身后冲上来就是一顿暴打：叫你想红！叫你想红！

南燕军立马崩溃。此时他们终于明白想红的代价是什么了。

虽然南燕军最后兵败，但它毕竟对卫国的卫国战争，起到了不可忽视的作用。它在一定程度上牵制了郑军，让郑军最终没有攻下朝歌。

虽然没有攻下朝歌，但郑国让卫国肝胆俱裂，郑寤生完成了对卫国的复仇。

从卫国退兵之后，紧接着，郑寤生复仇的目光，就投向了更加强大的宋国。

跟卫国作战，郑国凭自己本国的力量就足够了；但跟宋国作战，想达到复仇的目的，仅凭自己一国之力，还是要掂量掂量的。

正好，老朋友郱国国君郱克（郱安公）此时找上门来求助。

郱国是一个当时比南燕国还小的小封国。小到什么程度呢？它连被称为"诸侯国"的资格都没有，因为郱国国君没有爵位，最低等的男爵都可以在他面前耀武扬威。人们称呼邾国国君，只能简单地叫"邾君"，就是邾先生的意思。长久以来，它都是鲁国的附属国。

春秋初期，大鱼吃小鱼的事例层出不穷。宋国国君宋与夷最喜欢干的一件事，就是把小鱼吃进肚子里。

这一次，身在河南商丘的宋与夷，目光越过千山万水，最后停在了位于山东邹城的邾国身上。

邾国实在是太弱小了，根本抵挡不住宋军的攻打，很快，多座城池丢失。

按理来说，邾国作为鲁国的附属国，理应第一时间向鲁国求救。

但当时鲁国国君鲁息姑是一个和平主义者，不喜欢战争，面对邾国的求救，充耳不闻。

情急之下，邾克想起了老盟友郑寤生。

回想三年前（公元前721年），邾国在郑寤生的号召之下，参加了复仇者联盟，对卫国进行讨伐，助郑国夺回了廪延。在那个过程中，邾克与郑寤生建立了良好的私人关系。

现在，邾国在宋军的猛烈攻击下，面临被吞并的危险，唯一能帮助邾国的人，也就只有郑寤生了。

邾克派出的使者对郑寤生说："宋国是我们共同的敌人，请您出兵讨伐，我们一起去报复宋国。我们邾国愿意充当先锋。"

邾国主动上门求助，让郑寤生下定了讨伐宋国的决心。

他跟周天子打了个招呼，说我要征用成周八师，跟邾国重新组成复仇者联盟，你不会不同意吧？

周天子虽然很窝火，但他当然不会不同意。

就这样，以郑军为首的复仇者联盟军队，于公元前718年9月，向宋国发动了前所未有的猛烈攻击。

很快，复联军攻入了宋国都城商丘的外城。

宋与夷势单力薄，他也只好找人求救。

他没有去找老盟友卫、陈、蔡三国中的任何一个，或许在他看来，这哥仨儿实力太弱小，来跟不来一个样子。于是，他派人去了远在千里之外的鲁国，请求鲁国出兵援助。

宋与夷舍近求远，有两个原因：第一，鲁国是大国，拥有强大的实力跟郑国分庭抗礼；第二，鲁国之前就是正义联盟的成员国之一，于情于理都应该出兵相助。

但是，他好像忘了一件事：当初参加正义联盟，本就不是鲁国的官方行动，国君鲁息姑根本不愿掺和，最终加入正义联盟的，只是鲁国大司马鲁翚的私人部队。

这一次，鲁息姑同样不愿意掺和。你宋与夷惹出来的事，你自己去解决。更何况你侵略了我的附属国，我还没找你算账，你居然还有脸来找我出兵对付我自己的附属国？

当然，作为宋国曾经名义上的盟友，鲁息姑也不会冷酷无情地拒绝宋国的求助。他必须找一个绝妙的借口，予以委婉地回绝。

宋国使者的一番话给了鲁息姑回绝的理由。

鲁息姑召见使者，第一句话就问："复联军打到哪儿了？"

其实以鲁国发达的情报系统，鲁息姑早就知道复联军已经打到商丘城外了，但是他故意装作不知道，让宋使感觉鲁国对国际纷争并不感兴趣。

这时的宋使，按理来说，应该如实向鲁息姑禀告战况，以求得鲁国尽快出兵援助。

但这个宋使有点自作聪明，他认为我宋国乃是大国，大国就应该有大国的尊严，不能给盟友一种不堪一击的印象。

于是，他撒了一个小谎："还没打到城外呢！"

鲁息姑是何等老奸巨猾之人，他立即抓住这个话柄，面露欣慰的微笑，说道："宋公（宋国国君是公爵）派你千里迢迢来请我出兵增援，说明战事十分紧急，我原打算立即出兵相助。既然你说复联军还没打到城外，说明复联军也没什么真本事，吓唬人罢了。我相信，以宋国的实力，足以退敌，就不用我去添乱了。"

一番话，把宋使吓得目瞪口呆。他意识到，自己因为说谎导致没有成功说服鲁国出兵增援，回去肯定会被领导砍脑袋。

宋使回去有没有被宋与夷砍掉脑袋，我们不知道；我们知道的是，宋国在没有任何外援的情况下，最终以本国强大的实力，抵抗住了复联军的连番进攻。

最终，复联军退军了。

从结果来看，郑国还是完成了复仇的战略任务，这一趟没白跑。郕国更是在郑军的帮助下，收复了失地。

郑寤生原以为，这一次复仇，宋国得到了教训，以后不会再挑事了。

但是，他低估了宋与夷的决心。

宋与夷性格也相当自负，他是那种吃不得亏的官N代：我可以欺负别人，但别人绝不能欺负我。

所以，他决定，向郑国发动反复仇之战。

仅仅过了三个月，也就是在这一年的12月，宋与夷派总司令孔父嘉，率大军攻打郑国。

孔父嘉深知以宋国一国的实力，是不可能直捣新郑的。

所以，他拣了一个软柿子捏。

这个软柿子，就是长葛。

孔父嘉对长葛了如指掌，上次他就率军轻松攻破了长葛，目的是抓捕宋冯，谁知连宋冯的影子都没看到。

这次，为了泄愤，孔父嘉对长葛进行了血洗，然后扬长而去。

对此，郑寤生保持了沉默，没有再进行反击。毕竟自己当初可是攻到了宋国的商丘城外，对宋国的破坏程度，远大于宋国对长葛那块巴掌大的地方的破坏程度。

报复完卫、宋之后，现在所有的人都知道，以郑寤生的性格，他下一个报复的对象，就是陈国。

但郑寤生并没有选择直接出兵，而是首先采取了一种怀柔的政策，对陈国进行试探。

公元前717年春，郑国的一个使者，带着郑寤生"和平"的美好愿望，出使陈国。

陈国国君陈鲍接过郑使递过来的和平国书，把它扔到了郑使的脸上。

"回去告诉郑寤生，叫他哪儿凉快哪儿待着去。和平？做他的春秋大梦。"

郑使受到了前所未有的侮辱，咬着牙，发誓要让陈国受到惩罚。

陈鲍的弟弟陈佗对大哥的行为很不理解，说："郑国是我们的邻居，所谓远亲不如近邻，你干吗拒绝跟他和谈？"

陈鲍冷冷地说："郑寤生那个人，我们都了解，阴险狡诈，他会好心来谋求和平？他只不过是来挑拨离间，企图破坏我们正义联盟，让联盟四分五裂。接受郑国的和平协议，我们就要跟卫、宋撕破脸皮，这绝对是得不偿失的。"

陈鲍的态度，让郑寤生终于找到了一个完美的复仇借口。

——给你脸，不要脸，那就休怪我无情无义了。

这年5月11日，郑寤生率领郑国大军，悍然入侵陈国。

二流陈国当然招架不住，一败涂地。

但陈鲍还是很有骨气的，虽然经历多次惨败，他硬是咬着牙没有投降。他以大无畏的精神，号召陈国百姓团结一致，共抗外侮。

郑寤生原本只是想报复一下，并没想吞并陈国。见陈国如此强硬，报复的目的达到后，他就退兵了。

郑国的入侵，让陈鲍开始深刻反思跟郑国的关系。

之前，陈国以正义联盟成员国的身份攻打郑国时，认为郑国不过如此，不足为惧。但此次陈国单独面对郑国，陈鲍亲身感受到了郑国强大的实力。

现在，他认为，跟郑国结仇，不是一件好事。

他开始谋划跟郑国搞好关系。

只不过他一直在犹豫，因为跟郑国建立友邦关系，那就意味着跟卫、宋两国翻脸，这个矛盾是很难解决的。

但时局让这个问题突然之间迎刃而解了。

公元前716年秋，正义联盟的老大宋国改变了外交政策，试着跟郑国进行友好接触（并未建立友邦关系）。

陈鲍看到这个情形，认为与郑国修好乃是大势所趋，自己必须紧跟当今潮流，不可落后于人。

于是，他派弟弟陈佗去郑国递交外交国书，两国正式建立了友好的邦交关系。

为了表达诚意，陈鲍还主动求亲，把自己的闺女嫁给了郑国的太子郑忽。

关于郑忽这个官四代的婚姻，还有一段小小的八卦新闻。

毫无疑问，郑忽跟陈国公主的婚姻，是一段赤裸裸的政治联姻。

但如果你认为所有的政治婚姻都是没有爱情的，那绝对是你低估了人性。

通常来说，公室贵族的基因一般都是优中选优，因此，他们无论男女，大概率都是一群长相帅气或漂亮的人。

长相帅气的郑忽，第一眼看到漂亮的陈大公主的时候，就被她的绝世容颜深深吸引住了。

然后，以荷尔蒙为基础的爱情便自然而然产生了。

按周礼，郑忽必须八抬大轿把陈大公主迎回郑国，举行完隆重的结婚仪式之后，双方才能洞房。

但是，郑忽见色起意，根本等不及熬到结婚典礼那天，就迫不及待地跟陈大公主成就了好事。

郑忽对陈大公主的爱忠贞无比，多年以后，齐国君主因为极其赏识郑忽，想把自己的闺女嫁给郑忽，郑忽坚定地拒绝了。

并且，他先后拒绝了两次。

对陈大公主来说，嫁夫如此，夫复何憾！

之后，郑忽逃亡国外，陈大公主毅然跟随郑忽去流亡，始终不离不弃。

后来，郑忽回国，重新夺回郑国君主的宝座。陈大公主也第二次成为郑国的后宫之主。

你赢，我陪你君临天下；你输，我陪你东山再起！

陈大公主用实际行动，完美地诠释了什么叫真正的爱情。

对于太子郑忽在婚姻大事上违背周礼的行为，郑寤生并没有去责怪。他自己就是一个对周礼极尽破坏的魁首，认为儿子婚前性行为这点小事，属于人之常情，不必放在心上。宋、陈等敌国都跟郑国改善了关系，现在他最关注的，就是如何处理跟鲁国的关系。

如果能跟鲁国关系缓和，把鲁国拉到自己的阵营，组建起一个全新的以郑国为首的复仇者联盟，那么，自己将有机会称霸中原。

没错，称霸中原！这是郑寤生从来都不掩饰的勃勃野心。

郑寤生是一个梦想家，也是一个行动家。

他知道自己要的是什么，为了那个清晰的目标，他可以暂时舍弃一些在别人看起来很宝贵的东西。比如，土地。

郑寤生利用一块土地，向鲁国发起了聪明的外交攻势。正是这一次成功的外交攻势，奠定了他春秋初期小霸主的坚实基础。

那到底是一块怎样的神奇土地呢？

第十章

三国联盟

这个老大,还是我来当的好

在前面我们讲过，当年周宣王周静赏赐给弟弟郑友一座汤沐邑，就是祊地。

我们查阅一下周朝的地图，可以发现，祊地就在鲁国旁边。

很长一段时间以来，鲁国都对祊地馋涎欲滴，恨不得将其收入自己囊中。

倒不是祊地有多大多肥，而是祊地具有一项特殊的政治功能：祭祀泰山。

众所周知，因为周旦是周礼的发明者和制定者，作为周旦的封地，鲁国是周礼文化最好的传承国。周王室衰落以后，谁要想研究周礼，第一选择，不是去洛邑，而是去鲁国。

一个以周礼为骄傲的文化大国，却没有祭祀泰山的特权，这是鲁国百姓心里的一个缺憾。

让鲁国百姓更加郁闷的是，具有祭祀泰山特权的祊地，却属于那个对周礼极尽破坏的郑国。郑国国君郑寤生执政期间，都没有来祊地祭祀过。

这简直是暴殄天物啊！

要是祊地在鲁国手里，鲁国国君肯定每年都会屁颠屁颠地跑过来，过一把祭祀泰山的瘾！

可是，鉴于郑国的强大，鲁国也不好去强抢，只能眼睁睁地看着这块肥肉在嘴边晃来晃去，就是吃不着。

但是，突然有一天，郑寤生给鲁国带来了一个巨大的惊喜。

公元前715年春，郑寤生派使者来到鲁国，表示想做一笔土地交易。

具体来说，就是郑国把祊地送给鲁国，鲁国则把许地送给郑国。

许地是鲁国的土地，但有点特殊，它远在河南（今河南省许昌市南），跟郑国搭界。在许地建有周公庙，许地的鲁国百姓经常去庙里祭拜周公。但许地对鲁国来说，有点像鸡肋，主要是因为太远了，不大好管理。

祊地对于郑国来说，其实也面临着同样的问题：太远了，不方便管理。

既然如此，为何不把两块飞地交换一下呢？

用鸡肋许地来交换大肥肉祊地，这是鲁息姑之前连做梦都不敢想的好事。

鲁息姑这辈子最大的梦想之一，就是去祊地祭祀一下泰山，那可是至高无上的荣耀。

现在，这个美好的梦想，就要实现了。

鲁息姑很激动，他没有任何犹豫，就一个字：换！

鲁息姑激动的情绪还没有平复下来，郑使接下来的一番话，让鲁息姑激动得血压高升。

郑使表示：许地成为我郑国土地后，我们绝不会拆除许地上的周公庙；相反，我们还会派人定时去庙里拜祭周公，以表达我们对伟大周公的敬意。

郑国人拜祭我们鲁国人的祖先？这可是闻所未闻啊！这也太有诚意了吧？郑寤生，打从今天起，你是我亲兄弟！

郑寤生说到做到，很快，他就派大夫宛来到鲁国办理土地产权交割手续。

按理来说，根据之前达成的协议，郑国交割祊地给鲁国的同时，鲁国也应该交割许地给郑国。

但是，郑寤生又给了鲁息姑一个大大的惊喜。

宛把祊地交割给鲁国后，对于许地的交割事宜，他一个字也没有提。他尽职尽责地办完祊地的交割手续后，喝了一杯酒，就告辞回国了。

如此这般，许地仍然在鲁国手里。

这相当于，郑寤生把祊地白白送给了鲁国。

鲁息姑感动得热泪盈眶：这世上，还有这样大气的人。这样的人，我不跟他交朋友，跟谁交朋友？

当然，碍于盟友宋国的关系，鲁国暂时并未与郑国建立邦交。

但私底下，鲁息姑却明确表示：以后郑大哥你有啥事，招呼一下就行。咱们是亲兄弟。

看到郑寤生跟鲁息姑眉来眼去，山东大地上另一个大国国君坐不住了。

他就是齐国国君吕禄甫（齐僖公）。

齐国其实是大周王朝建国之后实力仅次于卫国的诸侯国，但进入春秋以来，齐国基本上没啥存在感。

原因很简单，自从周燮烹杀吕不辰之后，齐国就陷入了长达七十年的内乱，国力衰退；接下来的第十二任国君吕购（齐前庄公）在他长达六十四年的执政生涯里，休养生息，专注于国内经济的恢复与发展，无暇关注国际事务。吕购在位期间，齐国实现了伟大的中兴。

吕禄甫即位后，认为以齐国现在的实力，必须恢复其在国际上的话语权。于是，他开始积极参与国际事务，与当时公认的一些大国建立友邦关系。

早在郑寤生平定郑段之乱后，吕禄甫就跑到庐地（今山东省济南市长清区西南），跟郑国结盟了。

公元前720年，吕禄甫与郑寤生在石门（今山东省济南市长清区西南）再次结盟。这次结盟其实是为上次的庐地结盟加深一下关系，表示咱们的结盟绝对不是短期的、形式上的，而是长期的、稳固的。

公元前717年5月，吕禄甫与鲁息姑在艾地（今山东省新泰市东北）结盟。

相继与郑、鲁两大诸侯国结盟，一时之间，吕禄甫俨然成为中原大地的新一代领袖。

但凡吕大哥说出来的话，所有的人都要掂量掂量。

郑寤生当然深知吕禄甫的分量，于是，他请吕禄甫帮一个小忙。

他打算与卫、宋两国建立正式的友邦关系，但是之前积怨太深，不方便直接对话，所以就委托吕禄甫当个中间人，给郑国和卫、宋两国牵个线。

吕禄甫以大哥自居，对于这种国际事务，他很是积极。他没要郑寤生一毛钱中介费，就派人去跟卫、宋两国国君谈判。

"我建议你们跟郑国握手言和，建立邦交，怎么样？"

吕老大的实力和身份摆在那儿,所以卫、宋两国必须给吕老大这个面子。

公元前715年7月,吕禄甫、卫晋、宋与夷三位国君,在温邑的瓦屋(今河南省温县西北)会面了。

吕禄甫作为此次大会的发起人和主持人,首先就过去几年来卫、宋两国与郑国之间诸多不愉快的往事表示了深切遗憾,然后他诚恳地表示,郑伯委托我向两位公爵转达歉意,希望在求同存异、利益共享的原则下,摒弃过去的仇怨,着眼于未来,彼此建立友好的邦交关系,共同为国际社会的和平与稳定做出积极的贡献。

卫晋、宋与夷对大会主席吕禄甫的发言表示一致赞同,都认为当今国际社会的发展主题应该是和平与稳定,我们都愿意积极参与其中,尽一份自己的微薄之力。

吕禄甫对两位国君的表态十分满意。

然后,在所有人的见证下,吕禄甫全权代表郑寤生,与卫晋、宋与夷签订了一份和平条约。

大会在美好的祝愿中落下了帷幕。

只不过,无论是卫晋还是宋与夷,心里都知道,如果郑寤生真有诚意建交,为什么他不亲自来参加会议?

所以,对于这种形式上的建交,两位国君都知道,基本没什么意义。大会上达成的协议,随时可以撕毁。

这次会议,就当是来瓦屋公差旅游吧!

瓦屋会议之后,郑寤生与吕禄甫的私人关系,就越发良好了。他们彼此都相信,以后两国在国际事务上,会有更加深度的合作。

自从镐京之变后,半个多世纪过去了,齐国国君一直没有去朝觐过周天子。

现在,吕禄甫认为自己很有必要去朝觐一下。倒也不是遵循周礼,而是吕禄甫认为,以齐国现在的国际地位,必须在中央朝廷露一下脸,让周天子从法理上承认自己在中原地区的领导地位。

虽说现在的周天子再也不是之前的周天子,但周天子仍然是天下共主,做什么事,如果能得到周天子的承认,那干起来就会顺利很多。

但毕竟半个多世纪没去朝觐了,现在中央朝廷有些什么新规矩,吕禄甫也不大懂。所以,他需要一个在中央朝廷任职的朋友,替自己向周天子引荐引荐。

这个引荐者最好的人选,当然是好朋友郑寤生了。

郑寤生是中央朝廷的首辅大臣,这个从来没有改变过。

得知吕禄甫想让自己引荐他去见朝觐周天子,郑寤生当然一口就应承下来了。

于是,就在瓦屋会议结束后的第二个月,吕禄甫在郑寤生的陪同下,来到了洛邑,朝觐了当时的周天子周林(周桓王)。

周林亲切地会见了吕禄甫。双方在友好的气氛中,深情回顾了三百多年来周朝与齐国的深情厚谊。对于周夷王烹杀齐哀公的往事,两人表达了少许的遗憾,但历史已经翻篇了,最重要的是积极面向未来。吕禄甫表示,齐国将不忘初心,继续支持周王室。周林对此表示感谢。

参加此次会见的还有郑伯郑寤生、周公周黑肩等领导人。

朝觐完毕后,郑寤生诚恳地邀请吕禄甫去他的豪华办公室喝杯茶。

两人在密室里,开始讨论起组建齐、郑、鲁三国联盟的大事。鉴于鲁国此时还没有正式与郑国建立邦交,吕禄甫自告奋勇,说:"这事好办,你不用担心,我亲自督办。"

吕禄甫回到齐国后,就派人给鲁息姑传达了瓦屋会议的精神。

他此举有两个用意:一个是向鲁息姑炫耀炫耀他处理国际事务的能力;另一个是催促鲁息姑不要再迟疑,现在是跟郑国建立邦交的最好时机。

鲁息姑至此再也没有任何犹豫,他很快派人到郑国递交国书,与郑国正式结盟。

由此,郑、齐、鲁三大诸侯国,建立起了当时国际社会最为强大、最为恐怖的"三国联盟"。

无论是哪个联盟,都一定会有一个盟主。

从目前来看,这个三国联盟的盟主好像是齐国国君吕禄甫(也没有什么正式的选举,仅仅是一种默契的认定)。

以郑寤生争强好胜的性格,以他称霸中原的野心,他怎么可能容忍别人当盟主?

这个盟主,必须是自己!

而要成为盟主,就必须在三国联盟里发挥主导作用。

如何才能显示自己的主导地位呢?

战争!

只有以自己为首,联合齐、鲁,向某个诸侯国发动战争,并一战胜之,才能让国际社会公认自己是三国联盟的真正盟主。

那么,选择哪个诸侯国为讨伐对象呢?

郑寤生不需要思考多久,他剑锋一指,正是死对头——宋国。

但现在问题来了:郑国刚与宋国建交不久,这就马上单方面撕毁建交协议,出兵讨伐,是不是显得很不道义呢?

一定要找到一个出兵讨伐宋国的正当理由!

郑寤生很快便找到了一个看似很合理、其实很滑稽的理由。

第十一章
周郑交恶

跟我斗,你还嫩点儿

◎

在说出这个"正当"理由之前,我们首先要回顾一段往事。

公元前720年4月,周宜臼带着满腔的愤懑与委屈,在洛邑王宫里驾崩。

此时,周朝王位的合法继承人,当然就是太子周狐。而这个时候的周狐,被质押在郑国。

周狐一听说老爹驾崩,悲痛地大喊一声"父王啊——"然后晕过去了。侍从们又是按人中,又是击打心脏,好不容易才把周狐弄醒。

没想到周狐醒过来之后,继续要死要活,恨不得代替老爹去死。

身为王室司徒的郑寤生,这个时候还是很识大体的,第一时间就派侍卫队护送周狐去洛邑继承王位。

一路上,周狐还是哭哭啼啼,不肯罢休。

连他的手下都看不过去了:您有点过了啊!

周狐心里却在想:你懂个屁!我要是不显得悲痛点儿,别人怎么知道我对父王的孝顺?我将来如何以孝治天下?

从新郑到洛邑,全程一百四十多公里。这么一路哭过去,意外发生了。

周狐因痛哭时间过长,引发心肌梗死,在马车上猝死了。

周狐意外去世,周朝的王位便落到了他的大侄子周林身上。

其实,这个王位本来就应该是周林的。他老爹周泄,是周宜臼的嫡长子,生下来不久就被册封为太子。只要周泄顺利即位,那东周朝的第三任天子,就必然是周林了。

只可惜,周泄身体不好,早早去世了。按照兄终弟及的备用制度,就由弟弟周狐当了太子。

在很长一段时间里，可怜的周林只能当一个混吃等死的小诸侯。然后在可预见的某一天，亲眼看着叔叔周狐的大儿子（也就是他的堂兄弟）成为周天子。

但是人生就是如此，处处充满了刺激。在他没有任何准备的时候，有人屁颠屁颠地跑过来告诉他："你叔叔还没登基就死了，现在，你就是周朝王位合法的继承人。"

就这样，周林意气风发地成为东周的第二任天子。

这个时候的周林，二十多岁，年轻气盛。当他坐在这个失而复得的宝座上的时候，心中升起了一股凌云壮志。

——我一定要像周宣王那样，中兴大周王朝！

还别说，周宣王周静跟他的遭遇有一点相似之处。

想当年，周静的太子之位稳如泰山，如果没有意外发生的话，他老爹周胡死后，他就会顺利继位。但不幸的是，发生了国人暴动，周胡逃亡，他这个太子也随之被宣布无效。好在代理天子共和够意思，信守诺言，十四年后，把天子之位还给了周静。周静执政后，以其吞吐天地的雄伟气魄，掀起了一场伟大的改革，东征西讨，最终中兴了大周王朝。

周静的故事激励着周林，他发誓，自己绝不会像爷爷那样懦弱，一定要用一种强悍的姿态，去统治这个国家，以实现中兴大周王朝的伟大目标。

他是这么想的，也的确这么行动了。

环视天下诸侯，他最看不惯的，就是郑寤生。

——这个尸位素餐的家伙，必须把他撤掉。有他挡在我前面，我怎么中兴大周王朝？

于是，他决定，废掉郑寤生的司徒职位，改立虢忌。他要完成爷爷生前的遗愿。

然而，还没等他正式做出这个任免的决定，郑寤生就提前出手了。

这一次，郑寤生没有像上次那样直接跑到洛邑去质问周天子。

他认为，有必要以叔爷爷的身份，好好教育教育这个乳臭未干的侄孙怎么做人。

他派卿大夫祭足带领一支数万人的军队，耀武扬威地跑到周王畿的温邑（今河南省温县西南），把当地的麦子尽数收割，然后运回郑国的粮仓。

在周朝三百多年的历史上，从来没有任何一个诸侯国敢对周王室如此无礼。

郑寤生是第一个。

周林听说后，勃然大怒，拍案而起，热血上头，就要派兵讨伐郑国。

但是一旁的辅政大臣周黑肩立马就阻止了小伙子的这种冲动行为。他跟周林详细分析了讨伐郑国的种种弊端，最后总结一句话：讨伐郑国只有坏处没有好处。

"难道就任由郑寤生在我头上撒尿？"周林仍然愤愤不平。

周黑肩以长者的身份，教导这个热血青年："忍耐！真正伟大的帝王，一定懂得忍耐。"

周林受教了。他决定，静静地等待时机，现在且随郑寤生蹦跶，等到时机成熟，一定要让郑寤生付出血的代价！

祭足把温邑的麦子收割完后，并没有马上撤兵，而是在温邑继续待了三个月。

并不是温邑风景优美，气候宜人，舍不得走，而是祭足还有一件重要的政治任务没有完成。

到了七月，中稻熟了。

祭足率领数万兵马，又耀武扬威地跑到洛邑周边，把那一片中稻尽数收割，运回郑国粮仓。

干完这件事之后，祭足才心满意足地率军回国。

周王室一个屁都没放。

全天下所有的诸侯国也是冷眼看着，没有人冒头出来表示任何的抗议。

想一想，曾经威震天下的大周王朝，如今沦落到这种任人欺负的卑微之地，是何等的可怜又可气！

自此，周朝与郑国的关系彻底破裂。

身为司徒的郑寤生，也不踏足洛邑了。他这些年忙着东征西讨，壮大郑国的力量。

但是在公元前717年，郑寤生来到了洛邑，第一次参见周林。

这时离周林登基已经过去足足三年了。

要知道,郑寤生这种杰出的政治人物,他做任何一件事都有他的政治目的。

他来朝觐周林,绝非他思念这个侄孙,更不是对上次公然抢粮表达悔歉之意,而是他意识到,虽然周室衰落,但影响力依然很大,自己如果想称霸中原,就必然要借助周天子的名义去干很多事。

所以,他这次来朝觐周林,主要是改善一下双方的关系。

其实在这一年,周王畿内出现了一件相当严重的事情,就是闹饥荒。

要搁以前,王畿内收成不好,周天子一句话,天下所有诸侯都会争先恐后地奉上本封国内的储备粮食,谁要是动作慢了,脑袋立马落地。

但今时不同往日,周天子权威尽失,说出的话没几个人听。

周林没办法了,只好拉下脸面,派人私下找到了鲁国国君鲁息姑。

在周林看来,当今实力强大的诸侯列国,也只有鲁国比较好说话。

周林派去的使臣声泪俱下地向鲁息姑描述王畿内闹饥荒的惨状,添油加醋地描述天子因为心忧百姓,不肯吃、不肯喝,誓要跟百姓共渡难关。使臣可怜巴巴地请求鲁息姑看在同为周文王后裔的分儿上,赞助王室一些粮食,帮兄弟一把。

鲁息姑深受周礼影响,是个很仁慈的人。他马上表态:不仅我鲁国要赞助粮食,我还会积极联系宋、卫、齐、郑等国,让他们也献一份爱心。

收到鲁息姑的爱心倡议书之后,郑寤生马上意识到,这是一个跟周王室缓和紧张关系的最佳时机。

于是,他第一时间就启程前往洛邑,跟周林表示,我郑国愿意捐出多少多少粮食,以解王畿之饥荒。

他满以为周林会对他的慷慨解囊表示感激,谁知周林根本就不买他的账。

周林问:"你们郑国去年的粮食产量怎么样啊?"

郑寤生回答:"去年我们大丰收,粮仓都满出来了。"

周林长长地呼出了一口气,说:"那就太好了,温邑的麦子、洛邑的稻谷,今年我可以留着自己吃了。"

郑寤生听了这话,脸色骤变。

很明显,周林这是当着他的面,讽刺他当年的抢粮行为。

周林很硬气。天下谁的赞助他都可以接受,就是郑寤生的赞助,他绝对不会接受。

非但不接受,他还勒紧腰带,从本就不宽裕的粮仓里调出了十车黍米,慷慨地赏给了郑国,并附送了一句话:"聊以备郑国饥荒之用。"

当着群臣的面,周林用这种方式,狠狠地羞辱了郑寤生一番。

郑寤生这辈子何曾遭受过这样的羞辱,他心中一万匹马奔腾而过。

但是,此时四十岁的郑寤生,已然是一名极其成熟的政治家,喜怒不形于色。在这种场合下,他懂得必须克制自己。

他向周林谢恩,接受了这份带着羞辱的馈赠。

郑寤生之所以是一名杰出的政治家,是因为他有一个最大的特质:他能随时随地把任何不利于他的东西,都转化为对他有利的东西。

他把周林赏给他的十车黍米,束上红色的绸缎,派重兵护送,敲锣打鼓,招摇过市地运回郑国。

他用这种夸张的方式,故意向世人宣称:这十车黍米不是单纯的黍米,而是天子授予了我一个特权,那就是——我可以借天子的名义,讨伐那些违背天子命令的诸侯国。

很明显,郑寤生这是故意歪曲天子的用意。

现在,我们来到公元前714年夏天。

郑寤生为了在三国联盟里确立他的盟主地位,决意对死敌宋国发动一场战争。

他为讨伐宋国找到的"正当"理由是：宋与夷身为宋国国君，已经多年没去朝觐天子了。现在，我受天子之命，讨伐不庭。

他手里根本没有周天子颁发的讨伐诏书，所以，他这是公然矫诏——换句我们熟悉的话，就是假传圣旨。

假不假的根本不重要，重要的是，讨伐宋国，师出有名了。

第十二章
讨伐不庭

弄假成真,这事我儿熟

宋与夷有点蒙。

没错,他承认自己没有去朝觐周天子,并且自他即位以来,就没想过去朝觐周天子。

还有朝觐这回事?

就周天子现在那副鸟样,还有几个人去朝觐啊?

就比如你郑寤生,担任着王室司徒,自从新天子周林即位以来,你去朝觐过几次?

哦,对了,是两次。最近一次还是陪齐国国君吕禄甫去的。可是天下谁人不知,你对周天子是一副什么态度!

退一万步说,就算我没有去朝觐,又怎么样?其他诸侯不是也没去?你怎么不去指责他们,偏偏来指责我?还不是你老惦记着当年东门那点屁事儿?去年厚着脸皮求吕禄甫当中间人来跟我们修好外交关系,签了邦交协议,那协议书的墨汁还没干呢,你一转头就翻脸!还有比你郑寤生更无耻的吗?

尽管来战,老子根本不怕你!

宋与夷摆出了一副最强硬的姿态。

郑寤生正筹划着三国联盟讨伐宋国,却怎么也没想到,一个强大到可怕的敌人,不宣而战,直接入侵了郑国。

这个敌人,就是北戎。

北戎就是居住在今山西交城、平陆一带的犬戎,位于郑国北方。

虽然郑寤生没有亲身经历过镐京之变,但那场惊天动地的战争在他老爹无数次的讲述中,让其内心产生了前所未有的震撼。

他的爷爷郑友,正是惨死在西戎军的刀下。

虽然北戎跟西戎不是一伙的，但同为游牧少数民族，战斗力同样极其强悍。

郑寤生不得不暂停对宋国的讨伐，一门心思研究对北戎的战术。

经过研究后，他发现，北戎以步兵为主，而郑军以车兵为主，步兵更加机动灵活，很有可能会对郑军进行包抄突袭。

然后他在军事会议上，把这个问题抛出来，让大家来讨论。

每个将军都提出了自己的作战方略，最终，郑寤生采用的是二儿子郑突的战术。

郑突的战术是这样的：首先派一名将领去诱敌，一交战，马上后退。我们在后退途中提前设下三处埋伏。戎兵一旦追来，我们不断地抛下兵器与财物，诱使戎兵进入我们的包围圈，最后我们的主力军对其进行围剿，必然一举获胜。

像这种战术，我们在《三国演义》里看过很多的案例，奇怪的是，居然大多数都成功了。很多脑残的将领根本经不起诱惑，只顾一股脑儿地穷追猛打。有下属劝说："将军，只怕前面有埋伏。"脑残将领总是一副找死的自负形象："我何惧哉！"最后的结果，就是被包了饺子，这样的将领不是被杀，就是投降，能幸运逃出的，基本没几个。

我们完全可以想象，当时北戎的将领，也有那种脑残的特质。

所以，北戎最后的结果，就是被郑军杀了个丢盔弃甲，人仰马翻，仓皇败逃。

之前，郑寤生一直打的是内战，虽不能说百战百胜，但绝大多数情况下，都取得了辉煌的战果，令许多诸侯闻之胆寒。

而这一次，是郑寤生人生中第一次反抗外族侵略的战争，其胜利的意义，远远超过之前所有的内战。

这一战，让郑寤生在国际社会上的声誉达到了前所未有的高度。

这一战，也让吕禄甫、鲁息姑两位大佬见识到了郑寤生卓越的军事指挥才华。

战胜北戎之后，郑寤生没有忘记宋国。之前他已经代表王室和三国联盟发布了讨宋宣言，绝不能有头没尾，损伤他作为大国领袖一言九鼎的正面高大形象。

公元前713年5月，郑、齐、鲁三国组成了强大的联军，兵分三路，浩浩荡荡向宋国进攻。

鲁国大司马鲁翚一马当先，首先就攻占了老桃（今山东省济宁市东北桃聚乡），把老桃作为三国联盟在宋国境内的总司令部。

随后，三国首领郑寤生、吕禄甫、鲁息姑在老桃总司令部会合。

鉴于郑寤生最擅长打硬仗，吕禄甫、鲁息姑把三国联军的总指挥权交给了郑寤生。

郑寤生很振奋，他不负所望，熟练地调兵遣将。

他派郑国大将颍考叔带领一支军队,与鲁翚一起攻打郜邑(今山东省城武县东南十八里);派郑国大将高渠弥与齐国将军夷仲年一起攻打防邑(今山东省金乡县西南六十里)。两支军队,都以郑军为主。

颍考叔原本是颍谷的一个小小地方行政官,自从上次给郑寤生出了个挖地道的主意后,深受郑寤生的重视,一路提拔,从地方升到了到中央,可谓官运亨通。

但颍考叔绝非一个只会拍领导马屁的人,他不仅办事能力强,军事能力也相当了不起。他指挥军队英勇作战,很快,郑军第一个攻进了郜邑。

而另外一支郑、齐联军,也很顺利地拿下了防邑。

面对如此辉煌的战果,郑寤生作为三国联军的总指挥官,显示出了高超的外交事务处理能力。他没有把郜、防两座城池收为己有,而是把这两座城池送给了鲁国。

之所以这么做,绝不是他大方,而是郜、防地处山东境内,离新郑太远了,郑国不方便管理。

至于老桃,虽然是鲁国攻下的,但鲁国分得了郜、防两城,郑寤生便建议,把老桃分给齐国。

鲁息姑、吕禄甫对这个分配方案相当满意。

就目前来看,郑寤生的确是不贪功,不利己,专门利他人。

其实郑寤生不是不贪,他要贪,就贪大的。

因为,他最终的目标,是占领宋国都城商丘,把商丘纳入郑国的版图。

所以,攻下商丘,就是三国联盟下一步的行动方案。

三位国君在老桃研究攻打商丘的作战方案之时,忽然,郑寤生收到了太子郑忽从新郑发来的紧急密函:宋、卫联军从小道杀入我郑国,目前正在加紧围攻新郑,新郑岌岌可危。

郑寤生拿到这封密函的时候,不动声色。他没有把这个消息告诉两位盟友,而是冷静地说:"我们这次已经狠狠地教训了宋与夷,让他深刻意识到了不朝觐天子的后果。不过对宋与夷的惩罚点到即止,没必要灭掉他。不如我们现在就退兵吧!"

鲁息姑、吕禄甫本来是想乘胜追击,再干几票大的,多分点赃回去。郑寤生突然决定撤兵,让他们一时有点反应不过来。但他们很快就明白了:郑国必定出大事了。所以,他们对郑寤生撤兵表示理解。

鲁翚与夷仲年的反应就迟钝多了,还真以为郑寤生慈悲心肠,对郑寤生高尚的道德品质表示了由衷的敬佩与赞赏。

郑寤生与两位大佬告辞后,立即率军往新郑赶,生怕迟到一分钟。

宋、卫联军打听到郑寤生率主力军回防,一来宋国本土已经安全了,二来他们担心郑寤生与郑忽对宋、卫联军进行夹击,到时陷入被动,就决定撤军。

撤军路线的选择,此时显得特别重要。

按常理来说,如果宋、卫联军想安全回国的话,就应该从那条杀入郑国的小道原路撤军。

但宋、卫联军却选择了一条极其错误的撤军路线。

宋军总司令孔父嘉与卫军总司令右宰丑经过商量,一致决定,借道戴国(今河南省民权县东北)撤军。他们认为,小道崎岖不平,太难走了;借道戴国,道路宽阔,撤军速度会更快。

戴国那时是郑国的附属国,按理来说,戴国是不会让宋、卫联军借道回军的。

但孔父嘉认为戴国有充足的理由借道,原因是戴国国君与宋国国君都是子姓,同为殷商的后裔。

商朝亡于公元前1046年,现在是公元前713年!整整过去了三百三十三年!现在,你去跟人家认同宗,这未免太搞笑了吧。

但孔父嘉绝对不是来搞笑的,他是认真的。他非常笃定地认为,我们跟戴国三百年前是一家,一家人就该相互照应。

右宰丑有点书生气,他相信了孔父嘉的话。

他对孔父嘉的信任,最终让他付出了血的代价。

戴国此时的国君叫戴庆(戴叔庆父)。当他听到来使借道的要求后,一秒钟都没有考虑,冷冷地拒绝了。

"戴叔,我们三百年前可是一家啊!"宋使提醒道。

戴庆这辈子听到过很多笑话,但他认为,宋使那句话,绝对是他有生以来听到的最搞笑的那一句。

"把我当傻瓜是吧?你们宋、卫联军气势汹汹跑来攻打新郑,新郑没打下,就想打我戴国是吧?要打你就光明正大地打,还骗我只是借个道。这种话你只能去哄三岁小孩!"

他把宋使轰了出去,然后立即下令,紧闭城门,加强防守,宋、卫联军若来攻打,一定要给我狠狠地还击。

他相信,郑军一定会来支援他。

诚如他所料,郑军后来真的来支援他了。不过,结局跟他原来想象的,完全不同。

孔父嘉得知戴庆无情地拒绝了自己借道的要求,愤怒出离了。

他原本在右宰丑面前夸下海口,戴庆一定会看在同宗的分儿上同意借道。现在,戴庆的拒绝,让他在右宰丑面前出尽了丑。

他决意,用武力攻打戴国,杀出一条撤军的血路来。

于是,宋、卫联军轮番对戴国进行猛烈的攻打。

戴国军民上下一心,团结一致,他们依靠高大坚固的城防,对宋、卫联军予以坚决的回击。

攻防双方都死伤甚大,一时之间,战事陷入了僵局,谁也奈何不了谁。

戴军在本土作战,可以打持久战;但宋、卫联军不能打持久战,战事一拖延,等郑军赶到,与戴军一包夹,宋、卫联军就危险了。

紧急时刻，孔父嘉想起了另外一个盟友——蔡国。

其实，还有一个盟友，就是陈国。只是陈国已经与郑国结为了亲家，关系好得蜜里调油，所以从一开始就拒绝参与这场战争。现在，宋、卫两国也只剩下蔡国这个盟友了。

蔡国一听打戴国这种小国，那还不是手到擒来，到时分赃是十拿九稳的事，所以，很痛快地就派兵来支援了。

原以为三国联军一齐攻打戴国，戴国城破指日可待。没想到，戴国相当硬气，在比自己强大数倍的联军的猛攻之下，毫不退缩，决不投降，谱写了一曲可歌可泣的卫国颂歌。

那边厢，郑寤生在率军紧急回国的路上，就听到了宋、卫联军撤离新郑、攻打戴国的事。

他忽然产生了一个强烈的想法：是把戴国这个附庸国正式划入郑国版图的时候了。

于是，他把郑吕、颍考叔、高渠弥叫过来，交代一番，让他们分别依计行事。三人领命而去。

郑吕以郑寤生叔父的名义，给戴庆写了封信。信中首先大骂宋、卫、蔡三国不要脸，居然倚强凌弱、以大欺小，咱们郑国作为戴国的宗主国，绝不会坐视不理，一定会匡扶正义。兄弟你再努力撑几天，我们郑军在伟大的郑寤生的率领下，正赶来救援。

说实话，戴国撑到现在，基本上已经弹尽粮绝了。若是郑军再不来支援，戴国城破亡国是迟早的事。现在，戴庆收到郑吕的信，立即信心大增。他亲自走上城头，鼓励将士们浴血奋战，坚守城池，以待强援。

过了几天，一支郑军果然来到了戴国侧城下面。看旗号，是郑吕的先遣军。

戴庆立马打开侧城城门，亲自把郑吕先遣军迎进了城内，感动地说："你们来得真是及时啊！再晚几天，戴国就要完蛋了。"

没想到，郑吕却笑眯眯地说："不用过几天，今天戴国就可以完蛋了。"

在戴庆一脸茫然时，郑吕的军队迅速控制了戴国都城。

戴国，就此被郑国吞并。

郑吕占领戴国后，得意扬扬地走上城头，向着联军拱手高喊道："感谢三位兄弟帮忙，给我们郑国送上这份厚礼。"

三国联军死伤无数，没有拿下戴国一座城池，结果却被郑军拣了个大便宜。

这情景怎么看，都让现代的我们想起三国时期诸葛亮气周瑜的话来：周郎妙计安天下，赔了夫人又折兵。

孔父嘉当场气得吐血三升，大叫一声："郑吕小儿，我跟你没完！有本事咱们明天好好打一场，凭实力说话！"

郑吕成全了他的心愿，很快就送来了战书。

孔父嘉立马下令："大家今天早点睡，养足精神，明天跟郑吕那个王八羔子好好干一架。我们一定要夺回戴国！"

于是，大家就回帐篷里睡觉去了。

所有人都睡得很沉。

然后《三国演义》里那种烂俗的把戏就在戴国的地界上演了。

这种烂俗的把戏，有个学名，叫作"夜袭"。

趁着三国联军做美梦的时候，颍考叔、高渠弥各率领一支军队，如猛虎下山般，左右夹攻，袭击了三国联军的军营。

一时之间，三国联军兵败如山倒。到了天明的时候，三国联军基本上全军覆没。

卫军总司令右宰丑先生，在这次夜袭战中，不幸壮烈牺牲。

孔父嘉还算运气好，醒得早，逃得快。他带着仅剩的几十个侍卫，狼狈地逃回了宋国。

在逃跑的过程中，他感到很气愤。气愤的原因并非三国联军全军覆没，而是郑吕不遵守战争的规则。

孔父嘉对周礼的规章制度背得烂熟：不打无约之战，不追逃跑将领，不杀花甲老人，不击受伤军士，不伤及无辜民众。

按周礼的规定，你郑吕明明跟咱约好第二天打一场君子之仗，但你却搞半夜偷袭，这不是失信吗？

孔父嘉固守周礼的传统，但他却忘了，现在已经是个礼崩乐坏的时代了，而一手把周礼毁掉的罪魁祸首，正是郑寤生。这次夜袭，郑吕只是执行者，真正的幕后策划人，是郑寤生。

蔑视一切传统法理的郑寤生，是那个乱世中真正的枭雄。

三国联盟讨伐宋国，虽然没有达成郑寤生既定的战略目标（占领商丘，灭亡宋国），但让郑寤生在联盟内部的威望大为提高。

从结果来看，郑国付出的最多，实际得到的却最少。

正是因为得到最少，让联盟内部的人领略到了郑寤生大国领袖的风范。

自此，郑寤生坐稳了三国联盟盟主的位子。

但是有个人对此表示不服。

这个人就是齐国国君吕禄甫。

因为吕禄甫一直是把自己当成是联盟盟主的，现在，郑寤生通过伐宋一战，风头明显盖过了自己。

吕禄甫通过伐宋这件事，深深地明白了一个道理：在联盟军事行动中，以谁为主，只要胜了，谁就是盟主的不二人选。

吕禄甫想把盟主的位子给抢过来，所以，他决定，再发动一次战争。这一次，要以我齐国为首。

他把目标投向了郕国。

郕国在今山东省济宁市汶上县，在当时只是一个小国。

吕禄甫早就想把郕国据为己有了，只是一时半会儿找不到借口。

这一次，他终于找到了一个绝佳的借口。

上次，三国联盟以周天子的名义讨伐宋国之不庭，号召各诸侯国参与。

郕国考虑到自己本来就国力弱小，去跟不去没什么区别，所以就没响应号召。

伐宋战争结束之后，吕禄甫就指责郕国："我们三国联盟上次奉天子之命去讨伐宋国，叫你一块儿去，你为什么不去？好，既然你不去，说明你没把天子放在眼里。现在，我们奉天子之命，来讨伐你。"

郑寤生本人对郕国没什么兴趣，但碍于吕禄甫的面子，也只能一同发声，指责郕国。

于是，公元前713年10月，齐、郑联军攻打郕国。

当然，在某种政治力量的制衡之下，齐国最终并没有吞并郕国。

但是，吕禄甫的目标达成了。通过讨伐郕国，他在联盟内部的威望又再次提升了。

郑寤生当然更加不服，他要牢牢地稳固自己盟主的位子。

所以，他又选择了一个目标，作为讨伐的对象。

这次的倒霉蛋，是许国。

许国也是个小国，在今河南许昌市附近，跟郑国挨着。对于许国这块小肥肉，郑寤生早就想下嘴了。

伐许的理由也很简单，跟伐郕的理由一模一样：上次我们伐宋的时候你没出兵支持，违背了周天子的命令，所以，现在我们奉周天子之命来讨伐你。

对付这样一个小国，郑寤生为壮声势，把齐、鲁两国都叫了过来。

这样的战争是没有任何悬念的。

公元前712年7月1日，联军攻打许国；7月3日，联军占领许国都城。许国国君许弗（许庄公）仓皇出逃许都。

战果是辉煌的。

唯一的遗憾就是，郑国大将颍考叔在这次伐许战争中，壮烈牺牲了。

所谓"壮烈牺牲"，只是郑国的官方通告。实际上，颍考叔是被自己人干掉的。

这个"自己人"，就是郑寤生的堂弟郑阏（yān）。

郑阏，字子都，春秋初期天下第一美男子。连后来的亚圣孟子都对郑阏英俊的相貌赞不绝口："至于子都，天下莫不知其姣也。不知子都之姣者，无目者也。"

就是这样一个英俊美貌的大帅哥，却是一位小肚鸡肠之人。

在出兵伐许之前，郑寤生举行了一次隆重的授兵仪式。

仪式过程中，为了激发将领的斗志，郑寤生宣布：谁要是能舞动那面军旗，我就让他当先锋，并且把我自己乘坐的战车赐给他。

郑国的军旗，有个名号，叫"蝥（máo）弧"。

我们经常看古装战争片，比如《三国演义》中，一些士兵高高擎着军旗，英勇地冲在最前面。

但郑国的这面军旗，一般的士兵擎不起来。

因为它是一个巨无霸一般的存在。

它的旗杆长达三丈三尺，以今天的单位来换算，就是十一米。它的旗帜有一丈二尺，也就是四平方米。

这个"蝥弧"，需要好几个身强力壮的士兵才能抬起来，将其立在战车之上，然后用粗大的铁圈固定好，是为郑军的主旗。

我们完全可以想象一下，这个蝥弧有多重，两百斤是不在话下的。

所以，如果谁能舞动蝥弧，那他绝对是顶尖的大力士。

这样的大力士，在当时的郑国，有三个人。

第一个出场的大力士，叫瑕叔盈。他从战车上拔起蝥弧，向左走了三步，然后向右走了三步，然后放回原地，心不跳、气不喘。

第二个出场的大力士，就是大名鼎鼎的孝子颍考叔。他接下来的举动,让所有人都目瞪口呆。只见他拔起蝥弧,像孙悟空舞动金箍棒一样,随意潇洒地舞动。这简直就是神力!

颍考叔要了这么一招,自认为再没有人比得过他,直接走到郑寤生的战车前,把战车当作自己的奖品推走了。

第三个出场的大力士就是郑阕。他本来是压轴出场的,没想到颍考叔过于自负,自己还没出场呢,颍考叔就把奖品拿走了。他气愤难当,叫道:"颍考叔,你小子给我站住,我还没比赛呢!"这时的颍考叔再次展现了他的神力:他推着重达千斤的战车,一路飞奔。郑阕持着一把长戟,奋力追了过去。

所有的人都看到:郑阕追到新郑城门口,都没追到。

很明显,郑阕在颍考叔面前,输得连渣都没剩。

脸面无光的郑阕在内心里恨恨地说:颍考叔,你今天让我没面子,总有一天我会让你没里子。

郑军攻打许国的第一天,英勇无比的颍考叔第一个登上了城墙。

他还没来得及喊"兄弟们,给我杀啊",一支冷箭从他后背穿胸而过。

在众目睽睽之下,颍考叔从高高的城头坠了下去。

这支冷箭,正是郑阕所射。

郑寤生痛失颍考叔,很悲伤。他当然知道这是郑阕搞的鬼,但考虑到郑阕是自己的堂弟,加之郑阕战功卓著,此事就不了了之。

打下许国之后,老规矩,分赃。

许国也就是一只小麻雀,三个诸侯国来瓜分,每个诸侯国也就能分一条细腿,都不够塞牙缝的。与其如此,还不如直接分给某个诸侯国呢!

吕禄甫上次打郕国,却没有吞并郕国,所以他并不希望郑国得到许国,便建议让鲁国拿去。

谁知鲁息姑不接受吕禄甫的好意,他提议:这次伐许之战,郑国出的力气最大，我看还是郑国拿去好了。

鲁息姑对许国还真没什么兴趣，因为许国在河南许昌，离鲁国本土太远，不方便管理。

更何况，上次郑国把祊地白白送给了鲁国，又把宋国境内的郜、防两地分给了鲁国，这次要是自己还来贪许国，那可就完全不会做人了。

郑寤生本来想把许国直接并入郑国的版图，但看到吕禄甫这种态度，便想了一个折中的方案。这种方案既不让吕禄甫反感，又受让了鲁息姑的好意。

他把许国划分为两个行政区，让许国大臣百里辅佐许弗的弟弟许郑（许桓公），居东城区；任命郑国大夫郑获为许国总督，率大军驻守西城区。东城区受郑获的牵制。

他还特意强调了两点：第一，等我死了之后，郑获才可以撤军；第二，以后郑国撤军了，但凡我郑国对你许国有什么要求，许国必须毫无条件地同意，并且许国绝对不可以同意他国染指许国内政。

就这样，郑寤生把许国变成了自己的殖民地。

以周天子的名义发动的这三场讨伐不庭的战争，牢牢奠定了郑寤生在三国联盟里的盟主地位。

三国联盟里，以私人关系来说，郑寤生跟鲁息姑的关系更加密切。原因很简单，鲁息姑更加支持郑寤生。

郑寤生永远记得，处理完许国政务后，两人依依惜别，互道珍重，并相互约定，两国今后将保持更加紧密的战略合作伙伴关系。

他想不到，那是两人此生的最后一面。

公元前712年11月，鲁国发生了一场流血的政变，在这场政变中，鲁息姑成了失败的那一个。

第十三章

鲁允弑兄

大哥，是你逼我动手的

◎

鲁国这场政变的根源，要从第十三任君主鲁弗湟（鲁惠公）说起。

鲁弗湟娶的第一个老婆叫孟子，是宋国的嫡长公主。孟子嫁到鲁国时，带了一个随嫁的媵女过来，叫声子。

没过几年，孟子就去世了，没有留下一儿半女。

声子却给鲁弗湟生了个大胖小子，就是鲁息姑。

鲁国是最讲究"礼"的，对于地位不高的女人，一般不立为正室。所以，声子并没有因为生了个儿子而被扶正。

所以，鲁息姑一直都是庶子。

鲁息姑长大之后，鲁弗湟为他娶了宋国君主宋司空（宋武公）的闺女仲子。

前面我们讲过，鲁弗湟见儿媳妇生得漂亮，也不管儿子同不同意，就直接把儿媳妇变成了媳妇儿。

仲子不久就生了个儿子，取名鲁允。

鲁弗湟大喜之下，就把仲子立为正室夫人。所以，鲁允就成为嫡子。

在古代，嫡子与庶子的地位，一个在天上，一个在地下。

如果你读过《红楼梦》，就知道贾宝玉与贾环在荣国府中的地位差别。上至贾母，下至奴才，都把嫡子贾宝玉奉为珍宝；而贾环，因为是姨太太生的，连最下等的侍女都瞧不起他。

所以，我们完全可以想象得出，在周礼执行得最彻底的鲁国，鲁息姑从小过的是什么日子。

鲁息姑深深地明白自己在公室中的地位，所以，说话行事，处处小心；待人接物，谦恭有礼。长大后，他成为一个公认的贤明公子。

他从没有想过成为鲁国的国君，他知道，那个位子，是自己亲弟弟的。

但是，命运之神却向他露出了微笑。

公元前723年，执政长达四十六年的鲁弗湟去世了。

按理来说，继位的必须是已为太子的嫡子鲁允。

但这个时候的鲁允才八岁，还是个小学三年级的小朋友，啥事都不懂。

当时，时局复杂，列国之间相互征伐乃是常态。如果一个八岁的小朋友执掌鲁国朝政，难保别的大国不找借口来侵犯。

所以，为了维护鲁国政局的稳定，当时鲁国的大臣经过商量之后，一致认为，应该由庶长公子鲁息姑暂且摄政，等到鲁允小朋友长大成人之后，鲁息姑再还政于鲁允。

事情就这么愉快地决定了。

鲁息姑当然也愉快地接受了这个任命，走马上任，成为鲁国的代理国君（摄政）。

鲁息姑执政之后，发挥了一定的治国才能。

在内政上，他很好地继承了老爹的政策，发展经济，惠普百姓，只是对于大臣的掌控有些软弱无力，最典型的例子就是对公族人士鲁翚私自参加复仇者联盟无可奈何。

他在外交上也取得了丰硕的成果，尤其是加入三国联盟，成了他执政生涯中颇为得意的大手笔。

鲁国在春秋初期显赫的国际地位，跟鲁息姑的努力是息息相关的。

权力让人上瘾，这句话绝对不会有错。

鲁息姑摄政十年，充分尝到了鲁国国君这最高权力的美妙滋味。这个时候要他还政，就相当于把他的心给挖出来呀。

舍不得，真是舍不得啊！

公元前712年，鲁允十九岁。古代人都讲虚岁，所以鲁允其实可算为二十岁了。按照约定，鲁允现在已经成人，鲁息姑应该还政了。

但鲁息姑没有动静，一点还政的迹象都没有，给出的解释是

"很忙"。

的确是很忙。当时三国联盟忙着筹划攻打许国,这可是当前的头等大事,马虎不得。

好不容易等到打完许国了,鲁息姑率领大军也凯旋了,有点空闲了,这个时候该讨论还政事宜了吧?

但鲁息姑还是没动静。

这时,大司马鲁翚算是看透鲁息姑的心思了。

鲁翚这些年跟着鲁息姑南征北战,立下了不小的战功,权欲膨胀,一门心思地想当太宰(首席执政大夫)。

他看到鲁息姑总是找种种理由不还政，就知道这小子赖在国君位子上不想下来了。

既然如此，那就成全他吧！

只要能成全他，那么，自己当太宰的梦想，就一定可以实现。

有一天晚上，鲁翚偷偷拜见了鲁息姑，说："我去把鲁允杀掉，这样你就能坐稳国君的位子了。"

其实鲁息姑何尝不想干掉那个始终威胁他掌握最高权力的亲弟弟，但是，他的顾虑实在太多。一旦动手，他担心自己好不容易树立起来的"道德完人"形象就崩塌了。

既想要最高权力，又想要高洁名声，就是鲁息姑此时最真实的心态。

他假惺惺地对鲁翚说："之前不还政，是因为鲁允还小。现在，他成年了，我已经打算还政于他了。我都在菟裘（今山东省泰安市东南楼德镇）建造好宫室了，准备退休之后就去那里养老。"

鲁翚今晚的确对鲁息姑是一片真心，却没想到并没有取得鲁息姑的信任。

此时，他内心感到了一种前所未有的恐惧。

他担心鲁息姑真的还政于鲁允，而鲁允即位后，一旦知道了今晚的事，一定不会放过自己。

所以，他马上就想出了另一个方案。

如果这个方案能够实施成功，他不仅不会丢掉性命，还可以成为太宰，飞黄腾达，大权在握。

他跟鲁息姑告辞后，就连夜赶到了鲁允府上。

他告诉鲁允，今晚你大哥把我叫过去，命我杀掉你，以除去他的心头大患。

鲁允对鲁翚的话深信不疑。大哥迟迟不还政，鲁允早就怀疑大哥想干掉自己，永久霸占鲁国君位了。

鲁翚表示:"可是在我看来,你才是鲁国法定的君主,所以,我绝不会背叛你。"

鲁允对鲁翚的忠诚表示感谢,并当场承诺:"只要你助我登上鲁国君位,我一定封你为太宰。"

于是,在这个月黑风高的夜晚,两人开始筹划如何谋杀鲁息姑。

他们反复谋划,认为刺杀鲁息姑最好的机会,就是在他祭祀钟巫后。

鲁弗湟执政期间,曾经与郑国发生过一场激烈的战争。

鲁弗湟当时任命鲁息姑为伐郑总指挥。鲁息姑率军一路打到郑国的狐壤(今河南省长葛市西南)。没想到,鲁军在狐壤遭遇埋伏,全军覆没,鲁息姑不幸被俘虏。

鉴于鲁息姑的身份,郑寤生没有让他吃牢饭,而是把他软禁在大夫尹氏家里。

这给了鲁息姑逃回国的机会。

鲁息姑观察到,尹氏家的堂屋里供着尹氏的家族之神位——钟巫,尹氏每天下班回家的第一件事,就是要拜一拜钟巫。

鲁息姑对尹氏表示,只要他在郑寤生面前替他说好话,把自己放了,自己回国后,不但会赠以重金作为回报,而且还会在家里设立钟巫的神位,每年按时祭祀。

尹氏答应了。

鲁息姑平安回国后,遵守承诺,果真在家里设了钟巫的神位,每年都会诚心诚意地祭祀。

鲁息姑有一个嬖臣鸢(wěi)氏。鲁息姑执政之后,每次祭祀完钟巫之后,都会到鸢氏家里留宿一晚。

对于鲁息姑的这个习惯,鲁翚最是清楚不过。

于是,就在这一年的11月15日,趁着鲁息姑祭祀钟巫后留宿在鴋氏家里的机会，鲁翬派刺客潜入鴋氏家，刺杀了鲁息姑。

鲁允马上即位，是为鲁桓公。

他对大哥恨之入骨。有大臣建议为鲁息姑举行国葬，他不同意，命人找了块荒地，把鲁息姑草草埋了了事。

可怜三国联盟巨头之一的鲁息姑，在国际社会上风光无限，身后事却是如此凄凉。

鲁允知道鲁息姑跟郑寤生有良好的私人情谊，生怕郑寤生一怒之下联合齐国来攻伐鲁国。所以，他即位后的第一件事，就是派遣使者去郑国，向郑寤生示好，表示虽然鲁息姑死了，但并不影响鲁、郑两国的友邦关系，希望咱们两国携起手来，继续共创美好明天。

郑寤生为鲁息姑的突然去世感到悲伤，但作为一代枭雄，他绝不会因为私人感情而影响到他对国际事务的处理。

面对鲁使，他只提了一个要求。只要鲁国满足他这个要求，他承诺，会承认鲁允的国君身份。

这个要求是：办理许地的交割手续。

当年，郑寤生主动提出把祊地送给鲁国，作为交换，鲁国则把许地送给郑国。祊地是给了鲁国了，许地却一直拖着没给郑国。

——当年我跟你大哥私交不错，所以一直没要求办理许地的交割手续；我跟你可没什么交情，你现在就把交割手续给我办了吧！

鲁允一上台，就要丧失国土，未免有失尊严。但鲁国的军事实力不如郑国，再加上鲁允刚上台，的确需要得到郑寤生的国际支持，所以，他没有犹豫，答应了郑寤生的要求。

但鲁允也有个条件：听说郑国有一对玉璧，可不可以在办理许地交割手续的时候，对外宣称，郑国是用一对玉璧来交换的许地？好歹给我个面子。

郑寤生给了鲁允这个小小的面子。

交割手续办完之后，郑寤生遵守承诺，发布了白皮书，公开承认鲁允即位的合法性。

公元前711年12月,为了加强郑、鲁两国的邦交关系,郑寤生对鲁国进行了友好的国事访问。鲁允对郑寤生的来访高度重视,在都城曲阜举行了隆重的欢迎仪式。

自此,鲁国在郑国面前总是矮上一头,成为三国联盟里郑国的跟班。但凡郑国要干什么事,鲁国绝对第一时间举手表示支持。

郑寤生的国际地位继续提高。

就在郑寤生访问鲁国期间,从宋国传出一股流言。

郑寤生敏锐地意识到,宋国将有大事发生,国际格局有可能发生重大的变化。

这个流言,是关于宋国大司马孔父嘉的。

第十四章
华督之乱

只是在人群中多看了你一眼

◉

孔父嘉的妻子魏氏，长得美艳绝伦，倾国倾城。

很多时候，美丽会招致灾祸。

魏氏绝对想不到，她的美丽，会给丈夫带来毁灭性的灾难。

有一天，魏氏回娘家扫墓。在去扫墓的路上，遇到了一个人。

这个人叫华督，是宋戴公的孙子，按辈分，算是当今宋国国君宋与夷的堂叔。同时，他还是宋国的太宰，也就是首席执政大夫。

华督看了一眼魏氏，惊为天人。老头子顿时色心大起，便想占有魏氏。

魏氏的老公孔父嘉是宋国大司马，宋与夷的第一心腹大臣。按理来说，这等重臣的老婆，一般人也就想想罢了，顶多背地里垂涎一下，绝不敢有什么行动。

但华督却仗着自己是首席执政大夫，平常嚣张跋扈惯了，就决定杀掉孔父嘉，把魏氏直接抢过来。

按常理来说，想杀掉孔父嘉，首先绝对不能声张，最好趁其不备，暗地搞个刺杀行动，成功的概率会高很多。

但华督行事却很张狂，他生怕别人不知道他要杀孔父嘉，派人在商丘城里到处散布流言："宋与夷即位不过十年，却发生了十一场战事，令百姓苦不堪言。罪魁祸首就是那个孔父嘉。我总有一天要把孔父嘉给杀了，为民除害。"

以上是正史里的记载，给人的感觉是，华督这个老色鬼为了将魏氏占为己有，就找了个冠冕堂皇的借口打算杀掉孔父嘉。

经过对史料抽丝剥茧般地分析，我发现，事情绝对没这么简单。

很早以前，在宋和执政的时候，华督与孔父嘉是一对关系亲密、志同道合的同事。

宋和临终前，叮嘱孔父嘉，让他好好辅佐大侄子宋与夷。

孔父嘉说："可是大臣们都希望您的儿子宋冯继承大位。"

这个"大臣们"，就包括华督，当然也包括他自己。

由此可见，那个时候，华督与孔父嘉在政见上是相当一致的。

但宋和的遗命不能违逆，最后还是宋与夷顺利即位。

既然大事已定，华督与孔父嘉就开始忠心耿耿地侍奉宋与夷。

宋与夷即位后，不断地对外发动战争。

众所周知，战争本质上就是经济消耗战。

作为主管行政与经济的太宰华督，对此就不满了。

虽然没有史料明说，但我们完全可以推测，华督一定多次向宋与夷提出过息兵止戈、集中精力发展经济的建议。

也就是说，华督是"主和派"。

孔父嘉作为大司马，只有不断地发动对外战争，才能获得巨大的军功，因此，一直以来，孔父嘉都是坚定的"主战派"。

不管是主和派还是主战派，他们的政见并不重要，重要的是，身为国君的宋与夷支持的是哪一派。

很明显，宋与夷是支持主战派的。因为只有孔父嘉才能帮他干掉宋冯。

孔父嘉成了宋与夷唯一的心腹，而华督受到了冷落。

照这个趋势下去，太宰的职位，迟早是要被孔父嘉夺走的。

为了维护自己的政治利益，华督对孔父嘉起了杀心。

华督本就是好色之徒，他在人群中多看了魏氏一眼，就再也没能忘掉她的容颜。

为了占有魏氏，华督更加坚定了杀掉孔父嘉的决心。

他开始暗中布局谋杀孔父嘉。

孔父嘉手握军权，华督虽然也养着一支私人卫队，但要跟孔父嘉率领的正规军正面单挑，那是一丝获胜的希望都没有。

华督经过一番筹谋之后认为，要顺利杀掉孔父嘉，唯一的途径，就是激起兵变，让宋军背叛孔父嘉。

公元前710年春。

每年的这个时候，是诸侯国的春蒐之期。所谓"春蒐"，就是上层贵族在野外进行狩猎活动。

在今年的春蒐期间，大司马孔父嘉举行了一次隆重的阅兵仪式。

华督派人在军中散布流言："大司马又要起兵对郑国发动战争了。"

"真的吗？"士兵们纷纷打听。

"当然是真的。大司马与太宰昨天开了一场重要的会议，伐郑之事已经定下来了。"

宋与夷上台以来的这十年，先后发动了十一次战争，绝大多数都失败了。三年前跟戴国的那一战，全军覆没。尤其是跟郑国的战争，每打必输。从那以后，只要提起郑军，宋军人人胆战心惊，恐惧异常。

现在，孔父嘉又要率军主动征伐郑国，在宋军看来，这完全就是找死。

宋军都是血肉之躯，谁也不想死。

于是，宋军派了代表，来到主和派代表华督先生的府邸门口，要求跟华督对话，请他向国君进言，不要对郑国发动战争。

华督没有接见那个代表，他只是坐在家里，静静地喝着茶。

他在等，等待士兵代表失去耐心。

只有当士兵代表失去耐心，从温驯的羊变成暴躁的狮子时，才是他现身的时候。

他命人紧闭大门，不管外面的士兵如何拍打大门、如何吵闹，他就是不开门。

他只是派了门卫，通过门缝对着外面的士兵代表好言抚慰。

门卫不断来告诉他最新动态：外面的士兵已经越来越多了，情绪非常急躁，很多士兵还带了兵器。

他仍然静坐不动，他要等。

晚上了。

士兵们从早上喊到晚上，连饭都没吃，又饿又累，眼见华督大人仍然闭门不开，恨不得直接破门而入。

终于，华督意识到，整个宋军的军心已变，可以起事了。

于是，他打开大门，走了出去。

他看到了一群眼里燃烧着愤怒火焰的士兵。

他在大门口，开始发表鼓动性的演讲。

作为太宰，他这辈子发表过无数次演讲，但我相信，绝对都没有这次这么地富有煽动性。

他在演讲中，首先表明他主张和平的一贯立场，因为只有保持和平，才能保证宋国军民的人身安全；然后他又指出，大司马不断发动对外战争，荼毒生灵，他多次向国君提建议，息兵止戈，可惜国君不听。

"现在，大司马又提出在三日内出兵伐郑，已经得到国君的批准。宋国百姓何罪，要受此劳苦！"

士兵们恨得咬牙切齿，纷纷叫嚷着要去杀掉孔父嘉。

但华督装出一副痛苦状，说："大司马得到国君的宠爱，要杀他，谈何容易！"

此时的士兵们已经完全失去了理智，大声叫道："只要太宰您做主，我们愿意跟着您干，就算是国君又如何？我们不怕他！"

华督见军心已经彻底被他激变，于是振臂一呼，表示只要大伙儿相信他，他愿意带领大家除掉孔父嘉，为国杀贼。

他乘坐战车，率领着一群哗变的士兵，向着孔府奔去。

很快，士兵们将孔府团团围住。

这个时候的华督，再次展现出了异常的冷静与智慧。他知道，如果此时正面攻打孔府，以孔府私兵的实力，一对一列阵比拼，难言必胜。

他马上想到了一招：计赚孔父嘉。

他命令士兵们不要作声，在孔府周围悄悄潜伏起来，他去将孔父嘉引诱出来。

这个时候的孔父嘉还在家里跟魏氏喝酒作乐。

门卫传报：太宰来访，有机密要事相商。

孔父嘉连忙放下酒杯，整理好衣冠，脚步匆匆地出门迎接。

大门从里面一开，华督没看到，看到的却是一群怒火冲天的士兵。

还没等他反应过来，一个勇猛且身手敏捷的士兵，举起长戟，砍掉了他的脑袋。

见孔父嘉已死，华督再无顾忌，第一时间就冲进了内室，找到了那个如花似玉、性感妖娆的魏氏，命侍从将她扛进了他的戎车。

他已经在美滋滋地幻想今晚的一夜春宵了。

但他低估了魏氏的贞烈。

魏氏见丈夫被杀，心里悲痛欲绝，只求速从丈夫于地下。她岂肯屈身于眼前这个大仇人！

在车中，她毅然解下腰间的束带，悬挂在车顶上，然后上吊了。

在中国历史上，像这种大臣之间为了私利或权力之争而相互杀伐的故事实在是太多了，只不过大多影响力不大。

但华督杀死孔父嘉这个事件，却深刻影响了中国接下来两千多年的历史。

士兵们杀掉孔父嘉之后，又对孔府进行了惨无人道的杀戮，整个孔府无人幸免。

不，还剩下两个人。

一个是孔府家臣；一个是孔父嘉的儿子，名叫木金父。

这个家臣趁乱背着年幼的木金父逃了出去，逃往了鲁国。

在鲁国，木金父定居下来。

后来，木金父生睾夷，睾夷生防叔，防叔生伯夏，伯夏生叔梁纥。

叔梁纥娶鲁国女子颜征在，生子孔丘——就是我们的"万世师表"孔子。

孔子在中国历史上的地位，胜过一切王侯将相。

如果没有孔子，没有孔子创立的儒家思想，中国历史会是一幅怎样的景象？我们完全无法想象！

宋国国君宋与夷听说华督为了一己之私杀了孔父嘉后，无比震怒。

他立即下旨,抓捕华督。旨意下达之后,他立即驾车赶往孔府。

华督早就料到宋与夷会抓捕自己,他决定,一不做、二不休,弑杀宋与夷。

他告诉士兵们,宋国这些年战事频发,并屡屡失败,民不聊生,罪恶之源就是宋与夷。只有杀掉宋与夷,宋国才能迎来长久的和平和稳定,百姓才能生活得幸福和安康。

受了华督的鼓动,士兵们更是群情激愤,纷纷表示今天就跟太宰您干到底了。

华督让士兵们再次潜伏在孔府周围,因为他已经得知消息,宋与夷正驾车赶来孔府。

当戎车赶到,宋与夷刚刚下车,埋伏在周围的士兵便一拥而上,将来不及反应的宋与夷杀死了。

杀掉孔父嘉与宋与夷之后,整个朝堂陷入了一片混乱。

这个时候,华督展现了一名杰出的政治家极其成熟的政务危机处理能力。

他站在朝堂上,以太宰的身份向所有大臣澄清一件事:这次政变不是他华督发动的,而是一群哗变的士兵发动的,他之所以混在士兵中,完全是被挟持的。

为了表明自己的确是清白无辜的,他下令,将哗变的士兵中的几个代表杀掉,用他们的鲜血祭奠国君和大司马,愿他们的灵魂在天上得到安息。

虽然大臣们都知道华督的这个行为极其无耻,但他是太宰,此时又掌握了军权,权势熏天,谁又能拿他如何?他说白就是白、说黑就是黑。

接下来就是商议新国君即位之事。

华督指出,宋与夷是先君穆公的侄子,即位本来就不合法理,君位真正的合法继承人,其实应该是穆公的儿子宋冯。这些年,宋与夷不断发动战争，且屡屡惨败而归，百姓早就在盼望宋冯回来了。所以，我们应该立即去郑国迎接宋冯回来即位。

对于这一点，大臣们一致表示同意。

最后，还有最重要的一点：宋国的这次流血政变，一定会遭到诸侯国的指责，如果他们联合起来，以周天子的名义共同讨伐宋国，现在宋国上下人心不稳，一定会惨遭失败。为了稳定政局，必须以重金贿赂诸侯国，让他们承认这次政变的正义性，同时也承认宋冯即位的合法性。

对此，大臣们纷纷表示赞同。

于是，他们从国库和公宫里搜集了一批奇珍异宝，派人送给几个重要的诸侯国。

几个诸侯国国君收到重金贿赂后，个个喜笑颜开，表示将不会出兵干涉宋国的内政。

此时的宋冯先生，已经在郑国待了整整十年了。

这十年时间里，堂弟宋与夷屡次起兵伐郑，想要宋冯的命。宋冯每天都过着心惊胆战、如履薄冰的生活，生怕郑国战事不利，自己被俘。

但是郑寤生向他保证：只要有我在，你那个堂弟碰不到你一根毫毛。

这十年里，郑寤生对他很好，一应吃穿用度，与郑国公子无异。

他早就没有什么梦想了，只希望能在郑国平平安安地了此残生。

但是，就在这一年的第一个月，开年大吉，一名宋使跑过来跟他说："公子，华督大人已经把宋与夷那个暴君杀掉了，现在请您回去即位。"

这对煎熬了十年的宋冯来说，犹如做梦一般。

临行前，他对郑寤生大叔这些年来对自己无微不至的照顾表达了深深的感激之情。他真诚地表示，从此以后，宋国世世代代与郑国建立友好邦交，绝对不会做出任何对郑国不利的事情。

郑寤生很感动，此时此刻，他完全相信宋冯的话。

可惜的是，宋冯就是个白眼狼。郑寤生去世后不久，他马上翻脸，干预郑国内政。

宋冯回国即位，是为宋庄公。

鉴于华督的拥立之功，宋冯任命华督继续担任太宰，并且郑重承诺：自此以后，你华氏子孙，世世代代担任宋国太宰。

郑寤生是真心实意地对宋冯好，看到宋冯即将回国继承大位，他深感欣慰，决定再帮他一把。

因为宋冯是凭借华督发动流血政变而上台的，不太有合法性，所以，郑寤生决定为宋冯举行一场加冕仪式，召集诸侯国来参加，以承认宋冯即位的合法性。

公元前710年3月，郑寤生邀请了吕禄甫、鲁允、陈鲍等几个诸侯，在宋国都城商丘的稷地（今河南省商丘市内），参加了宋冯的即位大典。

就这样，十年来一直与郑国为敌的宋国，也加入了郑国的阵营。

随着宋国加入郑国的阵营，原先是宋国盟友的卫、蔡两国也自然加入了郑国的阵营。

郑寤生，在稷地这场举世瞩目的国际活动中，成了那个光芒万丈的巨星。

郑寤生在国际上的一系列举动，都被天子周林瞧在眼中。

对于郑寤生，他恨不能生食其肉、死寝其皮。

他登基后的第一件事，就是决定免去郑寤生司徒的职位，改立虢忌为司徒。虽然最后这项人事任免没能执行下去，但周林剥夺郑寤生在王室的权力的决心却没有丝毫动摇。

他执政虽然不久，但已然是一名成熟的政治家，懂得审时度势、韬光养晦。

基于前面的叙述，很多人可能会认为，周林也是一个软弱可欺的天子。

实则不然。

为了恢复周天子在诸侯国中的权威，周林积极地干预诸侯国的内政，并对所干预的诸侯国的政治产生了决定性的影响。

最典型的案例，就是对晋国内政的干预。

第十五章

曲沃反翼

你不懂,这是我们的梦想

首先，我们要回顾一下历史。

公元前 805 年，晋国国君晋费王讨伐条戎，以惨败告终。为了让自己时刻记住这次失败的耻辱，他给大儿子取名为"晋仇"。

三年后，他奉周宣王之命，率军讨伐北戎。

虽然北戎跟条戎压根儿不是一群人，但在晋费王看来，都是"戎"，模样儿长得都差不多，都是大周王朝的世仇。

晋费王把所有的仇恨和怒火，都发泄到了北戎身上。

这次，他吸取了上次的教训，一鼓作气，把北戎打败。

他的胜利，得到了周宣王的嘉奖。

终于扬眉吐气了！

晋费王的老婆很有意思，每次都在他打完仗之后生一个儿子。在晋费王班师凯旋的这一年，她生下了第二个儿子。

晋费王喜上加喜，为了庆祝此次辉煌的胜利，便给二儿子取名为成师。成师成师，一支多么成功的军队啊！

晋国几乎所有的人都对晋费王给二儿子取名"成师"没有任何异议，唯独一个叫师服的大夫对此表示了隐隐的担忧。

这个师服精通《易经》，他把名号跟国家大事紧密地联系了起来。

他逢人便说："君侯给孩子取的名字，还真是奇怪啊！"

有人问："哪儿奇怪了？"

他说："你们看，大儿子叫仇，就是仇敌的意思；二儿子叫成师，是成就的意思。大儿子跟二儿子取的名字正好相反，所谓相生相克，我只怕晋国以后会出乱子啊！"

师服不愧是预言大师，多年后，晋国果然发生了惊天动地的内乱，那就是持续了整整六十七年的"曲沃灭翼"。

晋仇去世后,他的儿子晋伯继位,是为晋昭侯。

晋伯一即位,就犯了一个严重的错误:他无视周礼的规定,将他叔叔晋成师封于曲沃(今山西省运城市闻喜县东北)。

为什么将晋成师封于曲沃是违背周礼呢?

因为根据周礼制度,大夫的封地面积绝对不能大于都城。而曲沃的面积比晋国的都城翼城(今山西省临汾市翼城县)还大。

师服看不下去了,马上劝谏晋伯,说:"君主的势力和土地必须大于臣下,如此才能巩固政权。你这样本末倒置,以后曲沃必定成为危害晋国的祸害。"

但晋伯没听,"曲沃灭翼"的祸根就此埋下。

晋伯为什么明知故犯,犯下如此重大的错误?

是他傻吗?

晋仇去世的时候是五十九岁,所以晋伯即位的时候,怎么也是三四十岁的成年人了,已然是一名成熟的政治家。他把曲沃如此重要的地方封给叔叔,一定有他深层次的考虑。

虽然史料没有任何明确的记载,但我们可以抽丝剥茧,尽可能地接近历史的真相。

当年,晋费王去世后,弟弟晋殇发动政变,太子晋仇不得已踏上了流亡国外的道路。

此时,晋仇的弟弟晋成师在哪里?史料没有明说。

要么跟随晋仇流亡国外,要么留在翼城。

如果晋成师跟随晋仇流亡国外,那他就是晋仇最好的政治搭档;如果晋成师留在翼城,那他必然是晋仇的最强内应。

不管晋成师身在何处,毫无疑问,他为晋仇最终夺回国君之位立下了汗马功劳。

因此，晋仇必定十分信任晋成师，让他掌握朝政大权。

晋仇执政三十五年，晋成师在翼城也经营了三十五年，其权势可谓熏天。

当年晋费王死了之后，为什么晋殇能够成功发动政变，夺取国君之位呢？

我们闭着眼睛都知道，晋殇手中一定掌握了朝中军政大权。

现在，晋伯即位，当他看到朝堂上威风凛凛、不可一世的叔叔晋成师，应该马上就想到了当年晋殇的那次政变。

历史会不会重演，再来一次叔叔篡位的政变？

永远不要挑战人性，因为只有人性是不可捉摸的。

晋伯不想挑战人性，并且以他对叔叔的了解，他认为，叔叔有篡位夺权的野心。

所以，晋伯现在要干的第一件事，就是如何防范叔叔夺权，确保自己的国君之位稳如泰山。

想来想去，目下最好的办法其实只有一个：将叔叔调出翼城。

但是，以叔叔的功绩和权势，把他调到哪里去最合适？

如果随便给叔叔一小块封地，叔叔肯定会心生不满，那么他就有随时发动政变的可能性。

那就给他一大块封地，尽可能地消除他篡位的野心。

在地图上看来看去，只有曲沃最合适。

晋伯何尝不知道周礼的规定，大夫的封地面积绝不能大于都城。

但只要能保住自己的国君之位，把曲沃给出去又如何？

更何况，把曲沃封给叔叔，也有自己在国家层面上的战略考虑。

对于晋国来说，最大的敌人，就是犬戎。

犬戎的军队主要由骑兵和步兵组成，当然也有车兵，总体来说，机动性非常强。

晋国的军队主要就是车兵。

车兵的优势,就是在平原上列阵开仗。

曲沃地势平坦,拥有广阔的平原,最适合车兵作战。

曲沃位于翼城的西南方,其天然的地理优势,对猖獗的犬戎来说,是一道坚固的防线。

叔叔晋成师掌握军政大权多年,有着杰出的军事指挥才能,让他镇守曲沃,防御犬戎的进攻,拱卫翼城,是一个相当不错的选择。

经过深思熟虑,他不顾大臣们的劝阻,最终还是将曲沃封给了叔叔。

由此可见,晋伯非但不傻,还很聪明。

可惜的是,他还是低估了其叔叔巨大的野心。即使是曲沃这么一块大肥肉,也填不满晋成师那深不可测的欲望沟壑。

晋成师受封曲沃时,已经五十七岁了(史书上说他五十八岁,是按虚岁算)。在那个平均寿命不到四十岁的年代,五十七岁算是高寿了。按说,到了这把年纪,大半截身子都已经入土了,接下来每天打打拳、遛遛鸟、逗逗孙子,颐养天年就好了。

但是成师人老心不老,他想成为晋国之主。

晋仇执政三十五年,他辅政三十五年。在这三十五年的时间里,说不清到底在哪一年,他心中萌生了篡位夺权的想法。

然而,晋仇将最高军政大权始终牢牢掌控在自己手里,成师一点儿机会都没有。所以,在晋仇执政期间,他只能压抑住自己的野心。

他把目标对准了他的大侄子晋伯。

他想复制晋殇叔夺侄权的历史。

最好的夺权机会,无疑就是晋仇去世、晋伯即位的那段空白期。

然而,晋仇何等的精明,他早就预料到了这一手,提前做好了布局,使得儿子晋伯在他死后顺利即位。

并且,晋伯还很聪明,以曲沃为诱饵,把他调出了翼城。

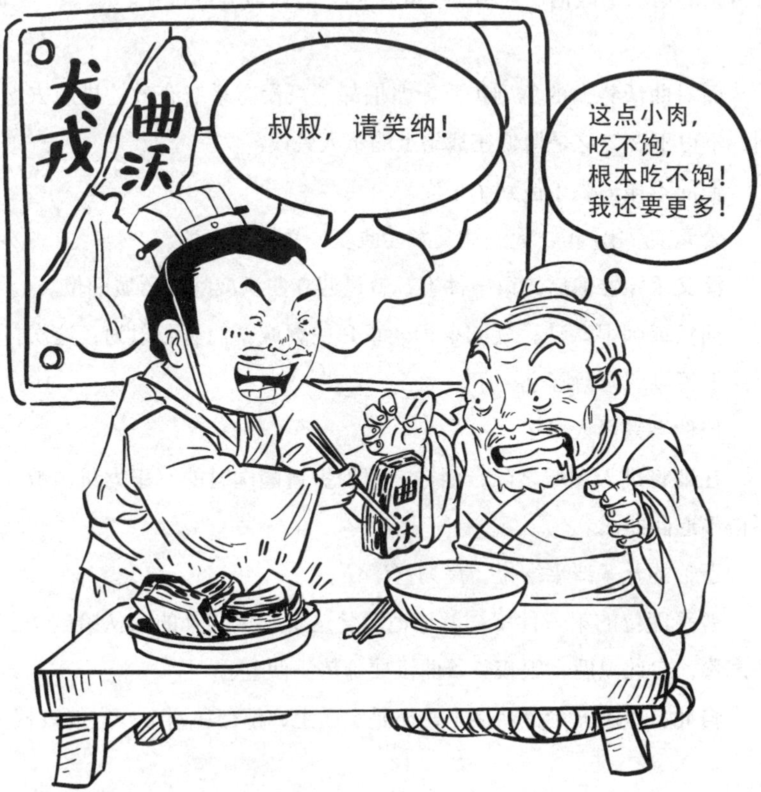
犬戎
曲沃
叔叔，请笑纳！
这点小肉，
吃不饱，
根本吃不饱！
我还要更多！
曲沃

现在，他夺位的难度，比当年他叔叔晋殇难了一百倍还不止。

但是，不管多么艰难，无论如何，在有生之年，他一定要登上晋国国君之位。

这是他伟大而崇高的理想。

为了实现理想，他苦心经营，经过几年时间，把曲沃打造成了当时晋国的第二个政治、经济、文化中心，与翼城分庭抗礼。

面对曲沃势力的急剧扩张，晋伯却一直没有采取有效的措施去遏制，不得不说，这是晋伯在战略上的重大失误。

他的不作为终于遭到了报应。

公元前739年，大夫潘父发动政变，杀掉了晋伯。

潘父杀掉晋伯后的第一件事，就是迎立曲沃成师来翼城即位。

曲沃成师很激动，立即率领大军开往翼城。他满心以为，这次自己终于可以成为晋国之主了。

但他高兴得太早了。

在即将进入翼城之际，他被一帮拥护晋国国君的军事力量击败，不得不退回曲沃。

晋伯的儿子晋平继位，是为晋孝侯。

晋平即位的第一件事，就是把潘父这个吃里爬外的家伙给砍了，并声称，自此以后，跟叔爷爷曲沃成师势不两立。

自此，晋国无论是名义上，还是实质上，都存在两个并立的政权。

公元前731年，曲沃成师去世（谥号桓，后人称其为曲沃桓叔）。去世前，他交代儿子曲沃鳝："为父一生的愿望，就是成为晋国之主。希望你继承我的遗志，实现它。"

曲沃鳝含着眼泪，狠狠地点头："爹，你放心吧，我会用尽我一生的努力，来达成这个目标。"

曲沃鳝跟他老爹一样，既有野心，也有能力。他大力发展封地的经济和军事，静静地等待时机。

公元前724年，机会来了。东部山区的赤狄部落向晋国边境发动了侵略战争，晋平不得不派大军去平乱。

曲沃鳝趁晋军主力在东部平乱，率领大军进攻翼城，并一举攻破了翼城，杀掉了晋平。

但这一次，曲沃鳝仍然没有如愿以偿。晋军在荀国（今山西省汾河流域）的帮助下，向曲沃部队发动了反攻，曲沃鳝孤立无援，只能再次败退曲沃。

晋平的儿子晋郄（xì）继位，是为晋鄂侯。

父子两次功败垂成，让曲沃鳝很不甘心。他认真总结了两次失败的根本原因，是一直都仅仅只依靠自己的力量，而没有寻找可靠的盟友帮自己一把。

曲沃鳝大彻大悟，于是积极开展外交活动。

他第一个拉拢的盟友，就是周天子周林。

曲沃鳝深深地知道，自己的所作所为，是不合法的。要想把自己的叛乱行为合法化，就必须得到周天子的支持。

于是，他亲自去洛邑朝觐了周林，并向周林献上了极其丰厚的贡品。

周林很感动。

自己登基以来，就没几个诸侯来朝觐自己，更不用说进献贡品了。晋国君主仗着自己势大，也是好多年没来朝觐了。一对比，还是曲沃鳝忠心啊！

在曲沃鳝的一顿忽悠之下，周林认为，有必要给晋国时任君主晋郄一点教训，让那小子知道，周天子还是周天子。

并且，周林认为，自己完全可以借此机会干涉晋国的内政，重振大周国威。

于是，他以周天子的名义，向郑国、邢国发出了号召，命这两个诸侯国派兵支援曲沃，攻打翼城。

虽然郑寤生一直没去朝觐周林，但领导发话了，他还是要给领导一点面子的。

所以，周林的命令一发出，郑寤生很快就响应，派出了自己的一支王牌军队。

公元前718年春，成周八师的精锐部队在大夫尹氏和武氏的率领下，联合郑军、邢军及曲沃的主力军，以雷霆之势，向翼城发起了猛烈的攻击。

面对气势磅礴的联合军队，晋鄂内心崩溃了。联合军还没打过来，晋鄂吓得屁滚尿流，仓皇逃往随邑（今山西省介休市东）。

翼城不攻自破。

这一次，曲沃鳝比以往任何一次都更加接近成功：在周天子的支持下，他占领了翼城，接下来，他应该可以顺理成章地即位为晋国国君，实现他多年的梦想了。到那时，他也可以光明正大地把他的名字曲沃鳝改为晋鳝了，毕竟晋鳝比曲沃鳝听起来更加高端、大气、上档次。

但事情却朝着相反的方向发展。

曲沃鳝再次功败垂成。

他仍然没能够成功即位。

史书上说，曲沃鳝在这个时候背叛了周天子。

为什么在这个节骨眼上，曲沃鳝竟会背叛支持他的周林呢？没有史料予以解释，令后人很是费解。

我通过对当时国际社会形势的分析，得出了纯属我个人的判断：攻下翼城后，曲沃鳝投向了郑寤生的怀抱。而众所周知，周林跟郑寤生矛盾很深，曲沃鳝站到了郑寤生那边，就是对周林的背叛。

所以，周林没有支持曲沃鳝即位成为晋国君主。

看到曾经一脸讨好自己的曲沃鳝背叛了自己，周林勃然大怒。
能扶你上去，也能拉你下来！
晋郄逃到随邑后不久就死了，儿子晋光继位，是为晋哀侯。
周林发表声明，公开支持晋光，并对曲沃鳝发出了讨伐的最强音。
他派遣大臣虢忌，率领成周八师与南虢国军队，讨伐曲沃。
此时的曲沃鳝成了孤家寡人，没有任何诸侯国派兵前来支援他，他之前所有的外交努力全部化为乌有。
曲沃部队连连败退。
曲沃鳝只好老老实实退守曲沃，继续当着他的封主，两年之后，忧愤而死（谥号庄，世人称其为曲沃庄伯）。他只能把他未竟的遗志，留给他的儿子曲沃称。

第十六章

周林制郑

爷爷，其实我是有一手的段

◉

通过军事力量强行干预晋国内政，并获得一连串的胜利，让周林的威望大大提高了。

就连郑寤生都感到，周林这个小伙子不一般，得跟他搞好关系，不然以后自己的日子也不好过。所以，虢忌击败曲沃鳝的第二年，即公元前717年，郑寤生趁着王畿闹饥荒的时候，来到洛邑，第一次朝觐了周林，并讨好似的表示，要向王畿的饥民献上郑国的一份爱心。

这一次，他朝觐周林的时候，态度十分恭谨，跟之前直接质问周宜臼时的骄横态度那是天壤之别。

周林呢，仗着自己刚刚打败曲沃鳝的底气，态度十分强硬，对郑寤生极尽讽刺之能事。偏偏郑寤生只能克制怒气，不敢发作。

公元前715年，周林终于做出了一项重大的人事任命：把虢忌拔擢为右卿士，郑寤生改为左卿士。

周朝以右为尊，因此，虢忌的地位在郑寤生之上。

对于这项人事变动，郑寤生没有做出任何过激的反应。像五年前那种派大军直接抢走温邑、成周的庄稼的悖逆之事，再也没有出现。他默默地接受了。

因为他终于意识到，自己再怎么强横，也只是一个臣子。

周林用他的勇气、决心、雄心、手腕，向所有的诸侯传递了一个信号：我仍然是大周王朝至高无上的天子，我仍然拥有至高无上的权威，我有能力中兴大周王朝！

年轻的周林，掌舵着周朝这艘破旧的大船，乘风破浪，一往无前。

大周王朝中兴可望！

光明，就在前方！

周林,你是最棒的!

公元前712年7月,郑寤生把许国纳为郑国的殖民地。

看到郑寤生老是假传圣旨,打着自己的旗号东征西讨,并且还获利颇丰,周林终于受不了了。

他决定,让郑寤生出点血,算是给自己的返利。绝不能让你白打我的旗号。

他耍了个阴招。

你郑寤生上次不是跟鲁国做成了一笔土地交易吗?那行,我现在也跟你做一笔土地交易,这笔交易比之前你跟鲁国那笔大多了。

郑寤生对于这种事还是很感兴趣的,就问周林想拿哪些地来交易。

周林提出了他的土地交易方案：用王畿内的温、原、絺（chī）、藩等十二座城邑交换郑国的刘、邬、蒍（wěi）、邘（hán）四座城邑。

从表面上来看，这体现了领导对郑寤生的一片体贴关爱之情。

有周林这种大方的领导，绝对是臣子们的福分啊！

但是，郑寤生看出了其中的猫腻。

这十二座城邑，虽然在王畿内，其产权却并不属于王室，而属于王畿内的苏氏。

早在三百多年前，周武王就把这十二座城邑赏赐给了当时的司寇（司法部长）苏忿生。

郑寤生有点郁闷：领导啊，你也太鸡贼了！你用苏氏的地产来换我郑国的地产，请问你得到苏氏的同意了吗？退一步说，即使苏氏同意了，请问最后我郑国交换过去的四座城邑，其最后的产权是苏氏的呢，还是王室的？

这时候装糊涂的学问变得尤其重要。

以周林如今如日中天的权威，即使郑寤生贵为三国联盟的盟主，也不得不难得糊涂一下。

所以，郑寤生立刻装出一副兴高采烈的样子，很开心地与周王室、苏氏签订了土地交易协议。

这份协议的主要条款如下：

第一，乙方（郑国）四座城邑的产权，划归甲方（王室）所有。

第二，丙方（苏氏）十二座城邑的产权，暂且仍由丙方持有，待适当时机再行划归乙方（期限：无限期）。

协议签字盖章按指纹生效。

签完协议，郑寤生对领导的关照表示感谢，并表示以后这种好事也可以多多关照其他的诸侯国，让其他的诸侯国也有机会得到领导的恩赐。

看到郑寤生如此恭谨的态度，周林笑了。

他的目的达到了。

他拿郑寤生开刀，就是要让天下诸侯看一看，他周林继承了周武王以来优良的传统，恢复了周天子至高无上的权威。

周林似乎找到了恢复天子权威的不二法门：干涉各诸侯国内政。

接下来，他加大马力，又开始选择下一个诸侯国。

这次，他的目标是芮（ruì）国（陕西省大荔县朝邑镇南方）。

公元前709年，芮国发生了一起严重的政治动乱事件。

芮国国君芮万的母亲芮姜，对大儿子芮万很是看不惯，处处挑刺找碴儿，最后以芮万宠幸嬖臣太多为借口，直接把芮万赶出芮国。然后，就立了小儿子为芮国国君。

芮姜女士跟郑国的武姜女士一样，都是讨厌大儿子、宠爱小儿子。不同的是，芮姜女士吸取了武姜女士失败的惨痛教训，并认真筹划，政变成功。

可怜的芮万，只好仓皇地逃到魏国（今山西省芮城县北，不是战国时期魏文侯建立的那个魏国）避难。

还没等到周林出手来干预芮国内政，陕西境内的一个诸侯国便不打招呼，赶在周林之前，出兵来干预芮国内政了。

这个诸侯国，就是秦国。

第十七章
秦国崛起

为了这一天,我等了一百多年

公元前888年，为了表彰秦非子养马有功，周辟方老爷子把位于今甘肃省天水市清水县和张家川回族自治县一带一块方圆不到五十里的荒地赏给了秦非子。

这就是秦邑。

这个时候的秦邑，只是一个第六等级的附庸国，没有爵位，因此连被称为国的资格都没有，只能叫它秦部落。

在那个年代，遍观强大的诸侯国的祖上，要么就是姬姓王室宗亲（卫国、鲁国、晋国），要么就是为周王朝立下丰功伟绩的大功臣（齐国），要么就是祖上相当阔（宋国）。

秦先生是外姓（姓嬴），又是庶子，要血脉没血脉、要人脉没人脉、要军功没军功，怎么看，秦部落也没有成为像晋、齐那么强大的诸侯国的基因。

如果你有本事穿越两千九百年的风云，"嗖"的一声降落在秦非子家里，郑重地告诉他："秦先生，将来您的秦部落会取代周朝，成为一统天下的大秦帝国。"相信秦非子会马上操起扫帚，朝你劈头盖脸地打过去，嘴里还嚷嚷着："哪里来的疯子，给老子滚！"

虽然秦非子绝对不可能有一统天下的伟大梦想，但他也有着一个崇高的使命。

他的使命是周辟方老爷子派给他的：给我守在天水那个地方，防御西戎。

他在秦邑默默无闻地工作了整整三十一年，为祖国的边防事业做出了杰出的贡献。

他死前立下遗嘱，要儿子扎根边疆，把边防事业继续下去，以报答周孝王对他们秦氏家族的厚恩。

秦非子的儿子继承了这个平凡而伟大的事业。儿子的工作更加默默无闻，默默无闻到连名字都没有被史书记载下来。

这是真正的无名英雄啊！

为了表述方便，我们暂且叫他秦英雄。

秦英雄在位十年，开疆辟土，秦部落的领土得到进一步扩张。

随着领土的扩张，实力的增长，他的心性也变得高傲起来。

他认为，以他现在的成就，连个男爵都不是，实在是太丢人了。

他有可能向周王室申请过爵位，但结果很明显，被拒了。

秦英雄很有英雄气概，心想：你不给我封，那我就自个儿给自个儿封。

于是，他大大方方地给自己封了个侯爵。

很明显，他这是在向楚国国君熊渠先生学习。

遥想当年，熊渠先生不满自己是个子爵，就自封为公爵，并封自己三个儿子为王。他那句"我蛮夷也，不与中国之号谥"，实在是振聋发聩，在那个媒体不发达的年代，传播效果极佳，弄得家喻户晓、妇孺皆知。

我们都知道，周胡先生一上台，就大搞军事建设，向楚国发出了死亡威胁令。熊渠掂量着自己在周胡手下走不过三个回合，就主动取消了公爵和王号。

秦英雄给自己封爵的时候，是周胡执政后期。那个时候的周胡在大搞经济改革，但又搞得不成功，摔得满头是包，自顾不暇。再加上秦部落实在是太小了，根本连被他斥责的资格都没有，所以，秦英雄在位期间，没有把"侯爵"给取消掉。

当然，这个侯爵是非法的，就是秦英雄关起门来自娱自乐而已，不必当真。

秦英雄死后，儿子秦伯即位。

秦伯命短，在位仅仅三年。他比老爹的心性更高傲。他嫌侯爵还是太低了，于是公然自封公爵。秦部落的百姓在路上碰到秦伯，都会恭恭敬敬叫一声：秦公。这极大地满足了秦伯的虚荣心。

秦公伯，这个称呼是记载在正史上的。

当然，周王室还是没有在意，就当秦伯在农村的泥巴地里玩过家家的游戏。

虽然秦氏在甘肃天水驻守是为了防御西戎，但说实话，四十多年下来，西部边境总体来说是和平的。

这得归功于周辟方执政时期的那个申侯。我们都知道，申侯跟西戎签订了一份互不侵犯条约。而西戎也比较讲诚信，按条约办事，跟周王朝保持着友好的交往。当然，也不排除偶尔会有零零碎碎的抢劫事件发生，但不影响大局。

西部边境的和平局面，在公元前841年被打破了。

那一年，爆发了国人暴动，周胡吓得连天子都不当了，仓皇逃出镐京，跑到了四百公里之外的彘邑去了。

看到周王室发生动乱，西戎认为，这是一个趁火打劫的好机会，机不可失、时不再来，于是单方面撕毁了四十多年前签订的那份互不侵犯条约，举兵侵犯西部边境。

这次，他们首先攻击的地方，是赵氏家族驻守的西犬丘（今甘肃省陇南市礼县城东）。

西犬丘是一个小地方，估计比秦邑稍微大一点。西戎以其强大，经常跟周王朝干架，区区的西犬丘根本无力抵御其攻势。结果就是，西犬丘的赵氏家族被野蛮的西戎军灭了族。西犬丘自此也划入了西戎的地盘。

面对西戎的侵略，周王室没有任何反应，原因是，这个时候还处于共和行政时期，周朝的国力还在缓慢增长，无力对西戎发起有效的反攻。

西犬丘的赵氏家族，跟秦氏家族可谓是血脉相连。

我们都知道，秦非子的老爹是赵大骆，赵大骆死后，嫡子赵成即位。赵成死后，正史上没有记载其后代的名字。但很明显，这个时候，赵氏家族和秦氏家族还没有出五服，两个家族还保持着友好的往来，过年的时候，作为嬴姓小宗的秦氏家族经常提着礼物去嬴姓大宗的赵氏家族拜年。

赵氏家族被灭，秦氏家族心里自然不好受。更加重要的是，秦氏已感受到来自西戎的巨大威胁。

在地理上，秦邑距离西犬丘只有一百五十公里左右。

秦氏家族比赵氏家族更加弱小，所以，秦部落只能提高警惕，加强军事防备，时刻提防西戎的进攻。

此时秦部落的首领是秦伯的儿子秦仲。

秦仲最大的心愿，就是在有生之年，收复西犬丘。

从私人情感层面，可以帮赵氏家族报仇雪恨；从国家的层面，如能收复西犬丘，秦部落的领土面积就能扩大好几倍。想想都令人心潮澎湃。

如果想收复西犬丘，以秦部落自身的那点实力，根本不可能做到。唯一的途径，就是得到周王室的支持。

于是，秦仲经常上书周王室，请求王室出兵帮助他收复西犬丘。

然而，周王室一直叫他等。

这一等，就是十七年。

公元前824年，是周静即位的第四年。周静即位之后，对经济建设、军事国防建设进行了一系列重大的改革，并且卓有成效。国力得到显著提升后，也到了对外用兵的时候了。他征伐的第一个对象，就是西戎。

征伐西戎的谕旨下达给了秦仲。

秦仲听说周王室准备收复西犬丘，第一时间很是兴奋。但是，当他接到谕旨的时候，有点蒙：兵在哪儿？

原来，在谕旨中，周王室只是任命秦仲为大夫，一个兵都没给到秦仲。

只给你政治上的支持，军备上王室暂且还没准备好，你先率领秦部落的兵马去征伐西戎，实在不行了，到时王室再想办法支援你。

秦仲怒了："这摆明了想让我秦军去当炮灰！"

但秦仲敢怒不敢言，接到谕旨后，马上就进行全民总动员，调集秦部落所有最精锐的部队，征伐西戎。

要说秦仲还是有点真本事的，就凭着秦部落本部区区两三千兵马，跟西戎足足打了五年，整个过程极其艰苦。

打到最后，秦军损失惨重，虽不能说全军覆没，但估计十停兵力失去了七八停，也不夸张。

最严重的结果是，秦仲作为统帅，也不幸壮烈牺牲。

反观周王室这几年，迎战猃狁、平叛南淮夷、征伐楚国，无不取得了辉煌的胜利。大周王朝迎来了一次伟大的中兴。

秦部落讨伐西戎，是打着周王室的名义进行的王朝战争。所以，伐戎的失利，算是大周王朝这些年唯一的一次失败。

周静无法容忍这种失败，他决定，出动王师，帮助秦部落击退西戎，收复西犬丘。

公元前822年，他派遣了一支七千人的精锐部队，对秦部落进行军事支援。

秦仲死后，大儿子秦其即位。

秦其有四个兄弟，自从秦仲阵亡之后，他们五兄弟咬牙切齿，每天叫嚷着要为老爹报仇雪恨。

空有复仇之志，没有实力，也是枉然。

但现在周静派来的这七千兵力，给他们带来了巨大的希望。

要知道，这七千兵力，驱逐过猃狁，平定过南淮夷，打趴过楚军，攻打戎军拥有丰富的实战经验，而且作战勇猛，以一敌十，可说是精锐中的精锐，王牌中的王牌。

有了这七千兵力的强力支援，秦氏五兄弟个个如同出壕之战狼，向西戎军发起了最猛烈的进攻。

西戎军虽说作战也很勇猛，但这五兄弟是不要命的。当你跟一群不要命的人打仗的时候，再勇猛也起不了多大的作用。

在五兄弟不要命的进攻之下，西戎军节节败退。

秦军一举收复了西犬丘。

胜利的消息传到镐京，周静很是高兴，封秦其为西垂大夫，还把西犬丘赏赐给了秦部落。

以此为肇端，秦部落开始崛起。

把西犬丘纳入版图之后，秦其就把都城迁到了西犬丘，毕竟西犬丘是他老祖宗赵大骆统治的地方，经营了近百年，比穷乡僻壤的秦邑发达得多，其在边防的战略作用也更大。

秦其特别会养生，在位时间长达四十四年。

他的正室夫人生了三个儿子，老大叫秦世父，老二叫秦开，老三的名字史书没有记载。

老二秦开，后来成了秦国的创始国君。

现在问题又来了：大周王朝实行的是嫡长子继承制，按规定，继承大位的，应该是老大秦世父才对，怎么是老二秦开上位了？难道又爆发了政变？

政变倒没有发生，而是秦世父主动放弃了继承人的身份，让二弟成了继承人。

关于秦世父主动放弃继承人身份这事件，史书上是这么描述的：

在秦其率领军民迁都西犬丘的时候,秦世父死活不进城,他豪气冲天地说:"当年西戎杀死了我的爷爷,我不杀死戎王,就不进城安居。"

虽然这是正史,但我还是对此有些质疑。我认为史书上这简简单单不到一百字的描述,掩盖了历史的某种真相。

唐朝有一个著名的政治事件,叫作唐隆政变,说的是李隆基杀掉韦后、拥立老爹李旦重新登基称帝。李旦即位后,长子李宪坚决拒绝当太子,进而让给了他三弟李隆基。李宪此举十分明智,保了他一生平安,死后还被李隆基封为"让皇帝"。

秦世父只是为了给爷爷报仇,就主动放弃继承人的身份,这听来太过于儿戏,也完全不符合人性。

唯一能解释得通的是,他受到了一种强大的政治压迫,为了人身安全,被迫放弃继承人的身份。

我们都知道,击败西戎,收复西犬丘,主要是秦其五兄弟的功劳。但是,秦其三个儿子应该也参加了战斗。会不会在那次战斗中,老二立下的军功最显赫?

在那个年代,一个还没成为诸侯国的政治集团,为了发展壮大,最高首领首先应该是一名杰出的军事统帅,这样才能带领臣民开疆辟土。

或许正是出于这种政治考虑,秦其和他的四个兄弟才更加赏识军功最著的老二秦开,然后一致认为老二秦开是带领秦部落未来发展的最佳继承人选。

秦世父会不会跟李宪一样,为了明哲保身,故意说了那一番冠冕堂皇的话?

很有可能。

历史的真相到底是什么,其实已经不重要了,因为事实就是:公元前778年,秦其死后,二儿子秦开继承了他的位子。

秦开就此走上了政治舞台中心。

虽然违背了周礼规定的嫡长子继承制,但不得不说,秦其立秦开为继承人是一个相当明智的政治选择。

秦开一即位,就强烈地意识到,秦部落的政治环境极其恶劣:一方面,西戎仍然十分强大,对秦部落虎视眈眈,随时都可能对秦部落发动大规模的复仇之战;另一方面,周王室对秦部落并不信任,在王室看来,久居西部边境的秦人就是野蛮的异族,跟戎人没什么区别,所以,即使秦人夺取了西犬戎,立下了大功,王室也只不过封秦其为西垂大夫,并没有封爵,很明显,王室像防西戎一样在防着秦部落。

这样严峻的政治环境,考验着秦开的政治智慧。

为了在夹缝中更好地生存下去,秦开即位的第一年,就做出了一个决策:跟西戎和亲。

具体来说,就是把妹妹缪嬴嫁给西戎的首领。

秦开此举的意图,就是为了维持秦部落跟西戎的长期和平,给秦部落的扩张争取更多的时间。

把妹妹嫁给西戎首领之后,秦开又马上做出了第二个政治决策:迁都。

第二年,他把都城从西犬丘向东迁到了三百二十公里之外的汧邑(今陕西省宝鸡市陇县东南)。

很明显,相比较西犬丘来说,汧邑作为都城,拥有更加广阔的战略纵深。

秦部落迁都,惹怒了西戎,因为西戎很难容忍秦部落肆无忌惮地扩张领土。这个很容易理解,谁也不希望自己有一个强大的邻居。

于是,西戎不顾亲戚关系,向西犬丘发动了猛烈的攻击。

镇守西犬丘的大将,正是秦世父,也就是秦开的大哥。

虽然秦世父率军进行了顽强的抵抗,但最终没能抵挡住西戎强大的攻势,西犬丘陷落了,秦世父也被俘虏了。

秦世父战败被俘这个事,其实也在某种程度上验证了我前面的推测:秦世父在军事指挥上的才能很一般,这个就是他被他老爹放弃的重要原因。

得益于之前的和亲，经过一番艰难的谈判，一年后，秦部落与西戎签订了一个互不侵犯条约。秦世父被释放了。

在任何时代、任何朝代，被俘都是一种耻辱。

秦世父被释放回来之后，就从历史上消失了。

这个时候，秦世父的生与死，于秦部落整个大局已经没有关系了，因为自从秦部落与西戎签订互不侵犯条约后，和平环境中的秦部落迎来了迁都汧邑之后最快速的发展。

但是，不管秦部落如何发展，在政治地位上，它没有任何变化，仍然是那个被中原诸侯列国鄙视的附庸国。

上天不会辜负每一个努力奋斗的人，也不会辜负每一个努力奋斗的政治集团。

公元前770年，彻底改变秦部落命运的时机到来了。

镐京之变，周宫湦被杀，儿子周宜臼即位。

西戎在镐京城内烧杀抢掠，申侯既无奈，也愤怒。他以天子周宜臼的名义，向天下诸侯发出了勤王的号令。

一百多个诸侯，响应者寥寥。

真正率军来勤王的诸侯，只有卫国国君卫和与郑国国君郑掘突。

接到勤王号令的时候，秦开并没有马上动身，因为他很快就听到了另外一个消息：周望在南虢国都城上阳登基称王。

二王并立，时局陷入了混乱。

此时，如何站队，考验着秦开的政治智慧。

从严格意义上的周礼宗法制度来看，北方的周望政府才是合法的政府，代表着大周王朝的延续，而里通外国、谋朝篡位的周宜臼政府显然是非法的。

当时，全国有十几个诸侯选择支持周望政府，选择支持周宜臼政府的诸侯，寥寥无几。

经过对时局的全盘分析，秦开做出了终极抉择。

他选择支持周宜臼政府。

很多诸侯是接诏不奉诏，喊一喊口号，啥也不干；秦开既然选择支持周宜臼政府，他就用行动来支持。

汧邑距离镐京只有二百四十多公里，比卫、郑两国近多了，所以，秦开率领的勤王之师应该是第一个赶到镐京的。

看着风尘仆仆赶来勤王的秦开，申侯没感动，只有八岁的周宜臼小朋友感动了。

没想到啊没想到，勤王号令发出之后，那些姬姓宗室亲戚没有赶

来，倒是这个祖上养马的外姓人赶来了。更何况，这个秦开连诸侯都不是呢！

什么叫危难时刻见真情？这就是！

此时的镐京已经破烂不堪，再加上镐京的户主已经变成了西戎，迁都已经势在必行。

我们前面说过，周宜臼并不是马上迁往洛邑，而是迁往西申国的都城平阳。

卫、郑、秦联军护送着周宜臼来到了平阳。

在平阳，周宜臼交给秦开一个光荣而伟大的任务：由秦部落负责将凶恶无道的西戎驱逐出去，收复岐、丰之地。

秦部落还很弱小，要完成驱逐西戎、收复疆土这一项艰巨的任务，是极其艰难的。

为了激励秦国早日完成这个艰巨的任务，周宜臼向秦开郑重承诺：只要你能赶走西戎，收复岐、丰之地，那岐山以西的地方，就全部赏给秦部落。

刹那间，秦开热血翻涌、心潮澎湃。

岐山以西，是大周王朝经营了将近三百年的地方，乃龙祥之地，幅员辽阔，土地肥沃，如果能成为秦部落的领土，那秦部落必能成为天下一等一的政治集团。

他似乎已经看到了秦国光明的未来。

他在周宜臼面前发誓，一定会完成大王布置的任务，即使自己完不成，自己的子孙后代也一定会去完成。

赴汤蹈火，万死不辞！

为了奖励秦开的勤王护送之功，也为了更大程度上激励秦开收复岐、丰之地，接下来，周宜臼还举行了一次隆重的封爵仪式。

封秦开为伯爵。

带着无上的荣誉，秦开率领着大军回到了汧邑。

从公元前888年秦非子受封秦邑，到现在公元前770年，历经一百一十八年，整整六代人的艰苦奋斗，秦部落终于跃升成了诸侯国。

秦开，成了秦国的开国君主——秦襄公。

为了庆祝这个具有伟大意义的开创性事件，秦开在汧邑举行了十分隆重的开国大典。

在开国大典上，他用骝驹、黄牛、羝羊各三头的太牢大礼，在西畤祭祀白帝。

接下来，他以秦伯的名义，派出使臣，与多个诸侯国互通使节，建立正式的外交关系。

做完这些大事后，他还干了一件特别的事：给他那个没有当过国君的老爹秦其追封了一个无比荣耀的谥号——秦庄公。

他这是在告诉他那个在天上的老爹：爹啊，我为咱秦氏家族长脸了。当初您选择我当继承人，是多么英明啊！

接下来，秦开为了完成周宜臼交给他的政治任务，亲自率领秦国大军一次次攻打西戎。

然而，此时的秦国还是太弱小了，西戎还是太强大了，多次战役，秦军都以失败告终。

有一次，秦军采取了相当正确的战术，一鼓作气攻到了岐山。

但遗憾的是，这个时候的秦军因为实力的问题，已是强弩之末，面对西戎的顽强阻击，再也不能前进一步。

最终，秦军功败垂成，只能无奈地再次败退汧邑。

眼看就要到手的胜利果实从手边滑落，秦开很不甘心。接下来，他厉兵秣马，养精蓄锐，决定再对西戎发起一次更大规模的征伐，下次一定要拿下岐山。

公元前766年，秦开在位的第十二年，成为秦国国君的第五年。

他率领秦国最精锐的部队，在岐山与西戎军进行了一次大规模的决战。

战况前所未有的惨烈。

正在战斗陷入胶着状态时，秦开却突发疾病，死在中军大营。

不得已，秦军只能再次撤回汧邑。

我们完全可以想象，秦开在大营里意识到自己不久于人世的时候，其心情之悲壮，上可惊天地，下可泣鬼神。

借用唐朝诗人杜甫的一句诗：出师未捷身先死，长使英雄泪满襟。

古往今来，所有伟大的英雄，最遗憾的事，莫过于此吧！

秦开死后，儿子秦……即位。

这里之所以是省略号，是因为史书上没有记载这位伟大国君的名字。因为他是秦国的第二位君主，所以在这里我叫他秦二。当然，他是有谥号的，是为秦文公，但他现在刚刚即位，未来还有几十年好活，现在就叫他的谥号，是对他的不尊重。

秦二继承了老爹的遗志，立志在有生之年收复岐、丰之地。

他深刻总结了老爹多次攻打岐山都无功而返的血泪教训，认为归根到底还是自身实力不够强大。在实力不济的情况下，就贸然攻打敌人，受伤的只有自己。

为了快速提高综合国力，他对国家进行了大刀阔斧的改革。

当然，在改革之前，他还要干一件特别重要的事——迁都。

在他即位的第四年，他把都城向东迁到了距离汧邑七十多公里的汧水、渭水汇合的地方，简称汧渭之会（今陕西省宝鸡市凤翔县长青镇）。

之所以选择在汧渭之会建都，有三个原因。

其一，从政治方面来说，这里是当年周辟方老爷子赏给秦非子的地方，只不过当时秦部落实在太过弱小，根本无力占领这个地方。

其二，从经济方面来说，这里地势开阔，水草丰美，非常适合发展农业、畜牧业。

其三，从军事方面来说，汧渭之会距离岐山只有一百七十多公里，从此地进攻岐山，无疑会比之前节省大量人力、物力、财力。

迁都完成之后，他开始了执政生涯中最重要的改革，就是设立史官，教化百姓。

秦人长期居于西部地区，跟戎人混杂居住，老百姓的思想跟戎人的思想没多大区别。在周王室和中原诸侯列国看来，秦人就是一群思想没有开化的蛮夷。

统一开放的思想，在一个国家崛起的进程中，发挥着引领方向、凝聚共识、动员力量、优化协同的重要功能，是提升国家治理效能的重要手段。

设立史官的意义，就是让老百姓在了解本国和国外历史的过程中，增强对本民族的历史荣誉感、国家荣誉感，从而激发爱国热情，提升全民的生产积极性和军事战斗力。

事实证明，秦二一手推进的迁都与教化改革这两件大事，都取得了积极有效的成果。十几年下来，秦国从上到下都是焕然一新，综合国力大大提升。

这个时候，秦二认为，秦国已经准备好了，是收复岐、丰之地的时候了。

公元前756年，也就是秦二即位第十六年的时候，他亲自率领秦国大军攻打岐山。

这一次战役，再也没有任何悬念，西戎没抵抗多久，就兵败溃逃。秦国全面收复了岐、丰之地。

根据当初周宜臼跟秦开的盟誓约定，秦国收复岐、丰之地后，自己可以占领岐山以西的地方，岐山以东的地方应该归还给周王室。

秦二信守承诺，他当即跟周王室派来的代表举行了岐山以东之地的产权交割仪式。

毫无疑问，在秦国艰难崛起的道路上，秦二是一名非常重要、非常关键的国君。

秦国，在秦二的统治之下，傲然屹立于关中大地，成了西部地区最大的诸侯国。

秦二在位长达五十年，是秦国六百多年历史上在位时间第二长的国君，仅次于秦始皇的曾祖父秦稷（秦昭襄王）。

正因为他的超长待机，害苦了他的太子（史书没有记载他的名字）。

太子实在熬不过身体超棒的老爹，带着满腔的愤恨与遗憾，在老爹执政的第四十八年去世了。

如果你有本事穿越到太子府里，告诉他，你只要再熬两年就能撑到你父亲去世，那我想，太子无论如何也要撑一撑。

太子死了，年老的秦二十分悲伤。他实在是太爱太子了，然后他把对太子所有的爱，都给到了太子的儿子——也就是他的孙子秦立身上。他就像后世的朱元璋一样，不顾大臣和儿子们的强烈反对，执意将孙子立为储君。

公元前716年，秦二去世，秦立继位，是为秦宪公（也叫秦宁公）。

秦立即位的时候，年仅九岁，搁现在也就是个小学生。

对这样一个心智未开的小朋友来说，你让他治国理政是不可能的。他顶多坐在宝座上，装模作样地听取大臣的工作汇报，朝政大权都掌握在几名辅政大臣手上。

辅政大臣们执行秦二生前制订的东扩计划，他们把东扩的第一个目标，就瞄准了西申国。

西申国在西周末期时的政治地位十分高，其都城平阳曾经是周王朝二十多年的临时国都。

自从周宜臼迁都洛邑后，西申国就名存实亡了。之前，西申国大部分百姓和财产都被转移到了位于今河南省南阳市宛城的谢邑。河南这边的申国被称为南申国。

对于这样一个几乎没什么人打理的小国，秦国毫不客气地出兵占为己有。

秦立即位的第二年，就把都城迁到了平阳。

秦立虽然年纪小，但不是傀儡国君，几年之后，就开始亲政了。

此时的秦国，十分强大，但这么多年来，它一直都跟西戎干架，并没有多大的存在感。

为了提高秦国的地位和声望，秦立亲政后干的第一件事，就是干预距离平阳二百九十公里之外的芮国的内政。

芮国只是一个小国，秦立压根儿就没把它放在眼里。想想也是，秦国在岐山那片区域天天跟西戎作战，战斗力何等强悍。区区芮国，还不是手到擒来。

公元前 708 年秋，秦立派了一支军队，去攻打芮国，扬言要帮助芮万复辟。

事实证明，他还是对芮国的历史有点不了解，并严重低估了芮国的实力。

我们查看一下地图，就会发现，芮国处在镐京与洛邑之间，它在西周时的战略任务，就是扼守镐京的东大门。芮国国君在西周时，长期担任中央朝廷的重臣。这样的诸侯国，面积虽然小，但真打起仗来，绝对不是吃素的。

因此，强大的秦军跟芮军甫一开战，就知道自己轻敌了。

结果就是，秦军被芮军打得丢盔弃甲，丢尽了脸面。

秦立当然不甘心，还想继续打。

但聪明的他意识到，自己打芮国其实是师出无名。你想想，芮国母子、兄弟争权夺利，属于人家芮国的内政，你秦国横插一手，算怎么回事？

只有师出有名，对付芮国这种小而精的诸侯国，才有必胜的把握。

如何才能师出有名呢？那就是以周天子的名义征伐。

所以，秦立向周林打了份报告，申请成周八师与秦军联手去打芮国。

周林为了继续提高自己的威信，对于干预芮国内政这事很感兴趣。

但周林并不同意贸贸然攻打芮国，而是提出了自己的计划：先去魏国，把芮万这个招牌擒过来，以此要挟芮姜。

周林的眼光的确独到，他看到了胜负的关键所在。

秦立一听，佩服得五体投地：领导就是领导啊！

于是，这一年的冬天，成周八师、南虢军与秦军联手出兵，围住了魏国，逼迫魏国国君把芮万交了出来。

有了芮万这块招牌在手，又是以周天子的名义讨伐芮国，芮国很快就被成周八师和秦军攻下了。

芮万复辟成功。从此以后，芮国就成了秦国的附庸国。

用强大的军事力量成功干预芮国内政，再次提高了周林的威望。

此时的周林，也充满了自负。

——不管我想干什么事，都能干成！

虽然这些年郑寤生对自己很恭谨，但他仍然时时感到郑寤生对自己的掣肘。

要想真正实现大周王朝的中兴，他认为，就必须像周宣王那样，没有任何权臣的羁绊，放开手脚去干。

于是，公元前707年，周林又做出了一项重要的人事任免：免去郑寤生左卿士的职务。

这个人事任免，对郑寤生来说，是一个巨大的打击。

这表示，郑寤生从此以后，再也不能以卿士的身份，打着周天子的旗号去讨伐那些不听话的诸侯国了。

郑寤生愤怒之下，强硬宣称：既然我不再是卿士了，那以后我就不会再去朝觐天子。

周林勃然大怒，心想：反了你了！你郑寤生再强，也只是我周王室一条狗！我还治不了你了！

他立即发布了一道旨意：征伐郑国，以惩不庭！

寡人要御驾亲征！

第十八章

缒葛之战

这辈子射出的最牛的一箭

◎

十三年前，郑寤生派祭足率大军收割了温邑、成周的庄稼，周林本就打算征伐郑国。那时，考虑到周林刚刚登基，羽翼未丰，实力不够，周黑肩及时制止了周林的冲动行为，劝谏他要忍耐，韬光养晦，等待时机。

现在，经过十三年的励精图治，周林自负地认为，王室已今非昔比，完全有实力跟郑国一战。

周黑肩也不再劝阻；相反，周黑肩也认为，是亮剑的时候了。

周林得到王室大臣们的支持，很是激动。他开始憧憬一百一十六年前周宣王暴打楚国的那一幕重现。

他自己担任中军总司令，统领成周八师；任命虢林为右军司令员，统领蔡国军队和卫国军队；任命周黑肩为左军司令员，统领陈国军队。

我们可以看到，卫、陈、蔡三国原属于正义联盟，跟郑国本就是世仇。周林把这三个诸侯国召集过来，原本就是要让他们跟自己同仇敌忾，这样就能爆发出强悍的战斗力。

其中陈国有点特殊。陈国之前跟郑国结亲，两国是亲家关系；但在公元前707年正月，陈佗趁大哥陈鲍病重期间，发动政变，杀死了太子陈免，自立为陈国国君。为了得到周天子的承认，他主动向周林靠拢。

公元前707年秋，周林率领联合国大军，浩浩荡荡地杀向郑国。

在周林看来，此战，必胜！

郑寤生内心是不愿打这一仗的。不管自己曾经如何藐视周天子，但君就是君、臣就是臣，以下犯上，总是不合乎法理的。

但如果不打，主动投降，以周林和自己十几年的积怨，他必定把自己囚禁终生，甚至处以极刑。

所以，郑寤生只有硬着头皮上了。

他亲率郑国大军，在繻（xū）葛（今河南省长葛市北）摆下龙门阵，迎抗联合国大军。

这是一场势均力敌的战争，郑寤生没有言必胜的把握。

不过，好在他有一个堪称军事奇才的儿子，那就是郑突。

七年前，北戎侵犯郑国，正是郑突采用了诱敌深入的战术，最后成功击败了北戎。

这些年来，郑寤生南征北战，战果辉煌，郑突功不可没。

这一次，面对以周天子为首的联合大军，郑突再次发挥了他卓越的军事才能。

他敏锐地观察到，在这支联合军中，最大的薄弱点，就是陈军。

因为陈国半年前刚刚经历了一场政变，陈佗还没有收拢国内人心，军队士气不足，战斗力自然很弱。

郑突在最高军事会议上说："如果我们首先进攻陈军，陈军必定溃败。只要陈军一败，成周八师就会发生混乱。而成周八师一混乱，卫、蔡两军就会支撑不住。我们最后集中大军掩杀成周八师，敌军必败。"

郑寤生和所有的将领，都对这一战术表示了高度的赞赏。

接下来，郑寤生开始调兵遣将。

他任命太子郑忽为右军司令员，任命首席执政大夫祭足为左军司令员，他自己则任中军总司令，摆设了一个鱼丽阵。

自古以来，大凡战争，一般都使用非常传统的阵形：以中军为主力，左右两军为侧翼，步兵通常都配置在战车的后面。

而鱼丽阵则不同，就是将战车布列在最前面，以五个人为一个小单位，分散配置在战车的左边、右边和后方，填补战车与战车之间的空隙，如此一来，则可形成战车与步兵相互之间协同作战、攻防自如的局面。

这个阵法是大将高渠弥发明的，郑寤生认为这很先进，就采用了高渠弥的阵法。

阵法布置完毕后，以郑忽为首的右军，首先就向陈军发起猛烈的攻击。

不出所料，孱弱的陈军根本无心作战，一冲就溃。

看到陈军开始溃败，祭足随即率领左军冲击卫、蔡军队。卫、蔡军队看到陈军溃不成军，便慌了，也开始溃逃。

左右军的溃败，严重影响了成周八师的心理，成周八师也出现了混乱的局面。

唯一没有慌乱的人，正是总司令周林。

他穿着甲胄，手持宝剑，目光坚定，从容地指挥成周八师作战。

成周八师在周林的指挥下，很快镇定下来，英勇地向郑军发动了反击。

如果成周八师反击成功，很可能会让溃败的卫、蔡重新聚集兵力，从侧翼插入郑国中军。

战争还没有结束，在瞬息万变的战场上，战事随时有可能发生惊天逆转。

可惜的是，在繻葛的战场上，逆转没有发生。

只因为一支冷箭。

周林站在中军高高的战车上，他那辆战车在战场上极其醒目，几乎所有人都能看到周林。

正在周林从容地指挥作战的时候，一支冷箭射中了他的肩膀。

周林大叫一声，倒了下去。

周天子这面旗帜一倒，成周八师瞬间陷入了惊慌失措。

那支冷箭的施射者，是郑国大夫祝聃（dān）。

祝聃一见周林被自己的冷箭射中，高兴坏了，按他的意思，立即就要拍马赶去把周林的脑袋割下来，献给领导。

可他万万没想到，当他向领导请示击杀周林时，领导一巴掌就拍了过来。

他有点蒙。

咋回事？难道我想立功也错了？

当然错了！不但错了，而且大错特错！

郑寤生咆哮道："你也不想想，被你射中的人是谁？是周天子！我们本来就是被迫迎战，要见好就收。如果你意气用事，击杀周天子，天下诸侯必然群起攻击我郑国，到时候郑国必亡！"

祝聃这才明白过来，连连道歉，并庆幸自己没有鲁莽行事。

他终于知道，为什么自己只能是个打工的，而郑寤生天生就是老板。打工仔跟老板的思维，根本就不在一个层面。

郑寤生并没有因为战胜了周林而摆酒庆祝，相反，他的内心忐忑不安。

当天晚上，他就派祭足代表自己，带着丰厚的礼品来到周军大营，向周林表示最真诚的道歉。

躺在病榻上的周林心情很沮丧。

作为失败者，此时他没有任何理由拒绝郑寤生的示好。

他只能表示，双方此次冲突，可能是由什么误会导致的。现在误会解除了，大家还是好朋友、好亲戚。

说这话时，他感到了一种前所未有的心酸和难过。

因为他知道，祝聃的这一箭，让他十几年来好不容易重新树立起来的王室权威，又荡然无存了。

从此以后，诸侯国们又会像之前那样藐视周王室，藐视他这个周天子。

他中兴大周王朝的梦想，在这支冷箭下，瞬间就成了泡沫。

　　繻葛之战，让周天子的威望尽失，同时也将郑寤生的威望提到前所未有的高度。

　　天下所有的诸侯，都对郑寤生的处理手段表示高度的赞赏，一致认为郑寤生有理、有利、有节。

　　至此，郑寤生成了中原诸侯列国公认的领袖，就连跟他并立的齐国国君吕禄甫，也不得不低头。

　　受伤的周林带着残兵败将回到了洛邑。

　　他承认了这次失败，但却没有因为这次失败而放弃中兴大周王朝的梦想。

——我想重新开始,一切重新开始!我还年轻,我不会就此放弃!

尽管他知道,这很难,比之前更难,但是,恢复大周王朝三百年之国运,是他一生伟大又光荣的使命。他不可以轻言放弃。

因此,他继续通过干预诸侯国内政的方式,来重新树立他周天子的权威。

他周林的权威,是从干预晋国内政开始的。晋国是他的福地。好吧,这一次,再从晋国开始。

公元前716年,曲沃二代曲沃鳝壮志未酬,在忧愤中死去,曲沃三代曲沃称继承了爷爷和老爹的遗志,篡国的欲望之火继续熊熊地燃烧。

公元前709年,曲沃称再次进攻翼城。这一次,他成功俘虏了晋国君主晋光。

但是拥护晋国国君的势力并没有屈服,立了晋光的小儿子晋小子侯为国君。

公元前705年,曲沃称诱杀了晋小子侯。

这时,周林实在看不下去了。他必须给曲沃称一点颜色瞧瞧,让曲沃称知道,做事不要做绝了,凡事得收敛一点。

于是,在这一年的冬天,周林下令:命首辅大臣虢林率成周八师与南虢国军讨伐曲沃称。

虽然曲沃称此时的势力已经远远地超过了晋小子侯的势力,也就是一个封地的势力远远超过了封国的势力,但面对周王室联军的讨伐,曲沃称仍然抵挡不住,再次败退曲沃。

这说明,周王室的实力在当时仍然十分强大,绝非随便一个诸侯国就能任意欺负的。

击败曲沃称后,周林立晋光的弟弟晋缗为国君。

周林再次以强大的军事力量成功干预了晋国的内政,这让他的威望重新树立了起来。

就在他摩拳擦掌想继续大干一番的时候，一个来自南方的消息，给了他沉重的打击。

这次打击，甚至比繻葛之战的失败带给他的打击，还要大。

那个消息就是：楚国君主熊通，一个区区的子爵，竟然擅自称王了。

第十九章

熊通称王

别拦我，我要当大哥

看到熊通称王，我们脑海里的第一反应，应该就是楚国的第六任君主熊渠擅自封他三个儿子为王的典故。

尤其是熊渠喊出的那句很嚣张的话："我蛮夷也，不与中国之号谥。"实在是振聋发聩。

不过熊渠最后还是怂了，主动取消了三个儿子的王号，原因是他遇到了一个比他还嚣张的周胡。

后来雄才大略的周静更是给了楚国一个巨大的教训，楚国在那一战中差点亡国，不得不把都城向南迁移，以避开周朝的锋芒。

此后的一百多年，楚国在诸侯列国中几乎就没有了什么存在感。

但没有存在感并不代表楚国这一百多年来碌碌无为，恰恰相反，楚国历代君主都励精图治，继续扩张势力范围。

尤其是第十六任君主熊眴（楚蚡冒），在执政十八年里，四处征伐，开疆辟土，让楚国再次崛起于南方的大地上。

而真正让楚国实现称霸伟业的，就是楚国第十七任君主熊通。

熊通其实是熊眴的弟弟，熊眴在世的时候，早就立了嫡长子为太子。但是，熊眴一死，凶狠的熊通就发动了政变，杀死了大侄子，自立为楚国国君。

熊通于公元前741年即位。

熊通最怀念的先祖，当然就是熊渠。熊渠在位时，采取近交远攻的国策，南征北战，楚国势力范围一度抵达江汉平原一带。从那时起，楚国就成了南方最大的诸侯国。

可惜的是，周静过于凶猛，直接把楚国一半以上的领土吞并了。

所以接下来，楚国就进入了漫长的恢复期。

虽然爷爷、老爹、大哥都很努力地开疆辟土，但碍于历史原因与自身实力，楚国远远没有恢复到熊渠时代的盛况。

熊通即位后，发下誓言，要让楚国在自己手里再次强大起来，甚至超过熊渠时代。

经过三十年的南征北战，楚国的势力范围急剧扩张，国力变得十分强大。

"强大"到了什么地步呢？

连威名赫赫的郑寤生都感到了害怕。

公元前710年，郑寤生与当时蔡国国君蔡封人（蔡桓侯）会见，就楚国的势力扩张可能给郑、蔡带来的威胁进行了紧急会商。

而实际上，那时楚国距离郑、蔡所在的河南地界还远得很呢！

当时，郑寤生与蔡封人会见的地点，是经过了精心选择的——邓国（今湖北省襄阳市）。

为什么两个河南人跑到襄阳那么远的地方去见面呢？

因为邓国的两位公主（都叫邓曼），分别嫁给了郑寤生和熊通。也就是说，郑寤生和熊通，是姻亲关系。

公元前832年，周静任命方叔为兵团总司令，征伐楚国。那一战直接把楚国打残了。为了对楚国的残余势力进行有效的防御，周静在占领的楚国土地上，建立起了一个庞大的"汉阳诸姬"集团。

这个集团的成员包括：申、吕、曾、应、息、道、随、唐、厉、贰、轸、郧。

其中的随国，是遏制楚国向东扩张的最大诸侯国。

楚国要想实现东进战略，就必须跨过随国这一道障碍。

熊通虽然身在南方，但他无时无刻不在关注着中原地区的时局。周天子在繻葛之战的失败，让他看清了周王室的衰微，同时也让他看到了东进的希望。

于是，公元前706年，他决定，攻伐随国。

熊通其实并没有战胜随国的绝对把握，所以，楚军开到随国瑕（xiá）地（今湖北省随县）的时候，熊通开了一次军事会议，商量如何战而胜之。

楚国令尹（首席执政大夫）斗伯比多年来一直研究随国的人事，对随国君臣的性格特点了如指掌。他出了个主意，说："随国大夫少师这个人一向很骄傲。我们可以邀请少师过来和谈，故意让他只看到我军的老弱残兵，让他误以为我军羸弱不堪，然后失去提防之心。两军作战时，我们先把老弱残兵放出来诱敌，之后再出王牌精兵，这样可一举击败随军。"

但大夫熊率且（jū）比表示反对。

"你别忘了，随国还有一个最精明不过的季梁，他完全能一眼看出你的计谋。"

斗伯比微微一笑，说："那是因为你不了解随侯。随侯这个人，现在最宠幸的是少师，少师的话，他没有不听的。"

熊通认为斗伯比的话很有道理，便对随国发出了和谈邀请，并指定少师过来谈判。

少师一进楚军军营，发现大部分士兵都是老弱病残。他心里一掂量：所谓百闻不如一见，传说当中如龙似虎的楚军也不过如此，如若开战，我随军定可轻松击败楚军。

所以，对于和谈，少师并没有用心，随便敷衍了一下。

熊通却是拿出了十分的诚意，希望跟随国达成和平协议。

少师一回去，就把他亲眼所见的楚军情况如实向随侯禀告，并建议随侯火速出兵。

随侯正要答应，季梁站了出来，十分冷静地指出："这绝对是楚国的计谋，我们不要上当。"

少师急了，说："我可是亲眼看到的，难道还有假吗？"

季梁说："眼见也不一定为实。你想想，为什么这些年来楚军能够横扫江汉流域？这难道是一支老弱残的军队能做到的？事实上，楚军近几年来的战斗力，几乎可以说是天下无敌，没有任何一个诸侯国能轻易战胜它。再者，我们随国如今内政不明、军备不整，还没有足够的实力与楚军相抗衡。因此，我建议，不要与楚军交锋。"

随侯把脑子里的水倒了一些出来，仔细想了想，认为季梁说得很有道理，便决意采纳季梁的建议，不去与楚军交战。

所以，只能继续和谈。

这次还是少师代表随国去楚营谈判。

斗伯比的计谋没有得逞，熊通想来想去，认为以随国的实力，两军正面交锋，楚军讨不了好。所以，还是退军吧。

这时熊通在谈判时占了上风。

"不打也行，你们随侯得答应我一个要求。"

少师恭敬地聆听。

熊通说："楚国虽然是蛮夷，但也有一支了不起的军队，并且想参与中原政事。我现在还是子爵，想请周天子把我的爵位升一升。请随侯帮忙把我这个小小的请求转告周天子。"

以楚国的强大，子爵绝对是楚国历代君主最大的耻辱。所以我们完全可以理解熊渠当年不平衡的心理。

现在，经过熊通三十多年的努力，楚国已经比熊渠时代更加强大，再顶着子爵这顶卑贱的帽子，换谁心里也不舒服。

所以，熊通的心理底线，最少要给他升一级，升到伯爵。

在他看来，中原诸侯国领袖郑寤生是伯爵，自己当个伯爵，这个要求应该不过分。

随侯想让楚国赶快退军，便一口答应了熊通的要求，向周天子反

爵位白菜

映了这件事。

周林一听，勃然大怒："你个死蛮夷！哪儿有伸手要爵位的？你当我王室的爵位是白菜，你要我就给的吗？"

山水遥遥，随侯上奏给周天子的这份奏章从湖北襄阳出发，到了洛邑，一路走了好几个月。

周林断然拒绝给熊通升级爵位，这事没有发什么白皮书之类的公告，也只能由随侯私下转告。

所以，这一路上，又拖延了许久。

等到熊通得知周天子拒绝给自己升爵的消息时，已经两年过去了。

熊通一听，也是大怒，指着洛邑的方向，大骂周林道："臭小子，你去翻一翻史书，我的老祖宗鬻（yù）熊，是你老祖宗周昌的火师，为你们周朝做出了巨大的贡献。我楚国的开国君主熊绎，穷得裤子都穿不起，还跋山涉水地跑去镐京给你们进贡。你们瞧不起我们落后地区的人，居然只给我们封了一个区区的子爵。现在我楚国兵强马壮，你连升个爵位都不答应，也太不给我楚国面子了。好，你不给，没关系，我不会自封吗？谁稀罕你封了！"

之前，熊渠给三个儿子封了王，只给自己封了公爵，算是给楚国留了点儿余地。

但此时，熊通什么余地也不想留了。

他直接自封王，定都丹阳（今湖北省枝江市），与洛邑的周朝分庭抗礼。

对于这种悖逆之事，穆王周满曾经对称王的徐诞就一个字：打。直接把徐诞打到东钱湖畔隐居了。

而厉王周胡就简单了，只发声恐吓了一下，熊渠就尿了，赶紧取消王号。

现在呢，日月已经换了天，时代不同了。

当听到熊通自封王的消息后，周林也是勃然大怒，以他的个性，就想立即发兵征伐楚国。

但是，大臣们劝住了。

打打晋国还行，毕竟都在中原地区，路途不是很远。但那楚国就太远了，又全是山林沼泽，地形也不熟，更重要的是，目前周王室的实力跟之前周穆王、周厉王、周宣王时期比，差了不止几个量级，发兵讨伐，只怕会重蹈繻葛之战的覆辙。

"难道就这样罢了不成？"

"那又有什么办法呢？唉！"

熊通称王后，为了展示自己的权威，决定搞一次盛大的加冕仪式，向全天下正式通告：从今往后，我也是天子了。

公元前704年秋，熊通在沈鹿（今湖北省荆门市钟祥东桥），召开了一次楚国历史上盛况空前的盟会。

参加这次盟会的诸侯国，包括但不限于巴国（位于今四川、重庆一带）、庸国（湖北省竹山县）、南申国（河南省南阳市）、邓国（湖北省襄阳市）、郧国（湖北省安陆市）、罗国（湖北省宜城市）。

这些诸侯国，就像朝觐周天子那样，恭恭敬敬地朝觐楚王熊通。

沈鹿会盟，确立了楚国在江汉流域的霸主地位。

自此，熊通成了春秋初期与郑寤生、吕禄甫并称的"春秋三小霸"。

作为沈鹿会盟的主办方，熊通不仅召集了那些臣服于自己的诸侯国，还向一些并未臣服于自己的诸侯国发出了参会邀请。

受邀的诸侯国名单当中，就有随国的名字。

但是，随侯面对这份镶着金边的邀请函，没有任何犹豫，一把就撕碎，扔进了垃圾篓。

不管怎么说，我随国也是汉水以东最大的诸侯国，你楚国虽然强大，但我也不怕你，我绝对不会自降尊严，背叛周王室，向你楚国投诚的。

熊通大怒，决定发动楚国全部精兵，讨伐随国。

这一次，他发誓，一定要不惜一切代价，把随国收入囊中。

在熊通的亲自率领下，楚国大军驻扎在汉水、淮水之间，随时准备向随国发动进攻。

这时的随国内部，对于是战是和，也发生了激烈的争辩。

主和派是季梁。

在我们印象当中，好像主和派就是奸臣，主战派就是忠臣，最典型的代表，就是秦桧与岳飞。

事实上，主和派在很多的时候，也是高瞻远瞩，他们从国家的实际情况出发，为国家、生民着想。

季梁深知楚军的实力之强，尤其是熊通称王后，威望远播四海，军心振奋，士气高涨，战斗力惊人。这个时候如果与楚国硬碰硬，随国很难取胜。

因此，季梁建议，派人去向熊通服个软，争取和谈。

"如果熊通不接受和谈，那么，这就可以激发我军的斗志，提高我军的战斗力，我们就多几分成功的把握。"

但是主战派少师坚决反对。

少师慷慨激昂地说："必须速战速决，否则就会丢失战胜楚军的机会！"

随侯被少师昂扬的斗志深深地感染了。他也认为，不能总是畏手畏脚，要拿出我随国的气势来。既然当初拒绝参加沈鹿会盟，我们和楚国就终有一战。所以，要打，就狠狠地打！

季梁叹了口气，知道战争不可避免。他不再坚持自己的和谈立场，转而向随侯提供攻楚的作战方略。

"楚国以左为尊，所以，我料想熊通多半统帅左军，左军必定是楚军最精锐的部队。我们首先不要去跟其左军正面作战，而是先全力击其右军。据我所知，其右军的司令官军事指挥能力一般，我们有希望打败其右军。右军一败，我们再全力攻打其左军。如此一来，我们必将取得最后的胜利。"

不得不说，季梁的作战方略非常中肯。

但是，少师又一次坚决反对。

在少师看来，好像只有随侯采用自己的建议，才能显出自己在随侯心中的地位之高。

"季梁就是怕这怕那，这种畏畏缩缩的心态，能打好仗吗？我随国乃堂堂汉东大国，跟楚国是同一级别的，要打，就光明正大地跟熊通的左军对打！"

随侯再次被少师慷慨激昂的爱国主义情绪感染了。

他决定，跟熊通来一次硬对硬的对抗赛。

来吧，展示！

最后的决战地，在速杞（今湖北省广水市）。

史书没有记载这次战争的全过程，只用四个字记录了结果："随师败绩。"

随侯落荒而逃，连自己乘坐的战车都被楚军抢走了。而那个伟大的爱国主义者少师，则不幸被楚军俘虏。

不知道他有没有为他那番慷慨激昂的发言后悔过。

随侯派人去楚军阵营，请求和谈。

熊通不同意。

这时，一个大臣站了出来，反对熊通的不同意。

他就是斗伯比。

"虽然我们取得了暂时的胜利，但随国仍然很强大，想完全吞并它，目前还不大可能。上天已经借我楚军之手把那个讨厌的主战派少师除掉了，以后随国主和派占了上风，这对我们楚国来说，是件好事。我看这次就到此为止吧！"

斗伯比是熊通的亲叔叔，德高望重，见识非凡，熊通一向对这位叔叔言听计从。这一次，熊通仍然采纳了斗伯比的意见。

于是，楚国与随国签订了一份友好的战略合作伙伴协议。

在这份协议书里，随国承认自己是楚国的附庸国，从此臣服于楚国。

顺便再说一件事：在速杞会战中，随国的盟国——权国，被楚国灭掉了。

说起这个权国，真是一只打不死的小强。

早在熊渠执政时期，楚国就开始发兵攻打权国，结果到了熊通的老爹熊坎（楚霄敖）在位时，仍然没有打下来。

这次，熊通击败随国后，顺手就把权国灭了，这充分说明了如今的楚国实力之强大。

灭掉权国之后，熊通把权国设置为一个县，任命大夫熊缗为第一任县长。权县，是为中国历史上的第一个县。

征服汉东第一大诸侯国随国后，后面的事情就好办多了。熊通快马加鞭，陆续又征服了汉水流域的多个诸侯国。

公元前701年，熊通又征服了贰、轸两个诸姬集团的成员国。这个时候的楚国，势力范围西至巴蜀，东到淮水上游，已经成了南方的一个超级大国。熊通在江汉流域的霸主地位，无人可以撼动。

正在这时，志得意满、意气风发的熊通听到了一个令他十分震惊的消息：中原地区那个纵横捭阖的小霸主郑寤生去世了。

第二十章
郎邑之战

功劳最大,凭啥封赏我最少

◉

自打繻葛之战后，郑寤生的威望如日中天，三国联盟里有什么大事，盟友们第一时间就会想到让郑寤生来帮忙处理。而郑寤生从来就没有让他们失望过。

公元前706年，北戎侵犯齐国。齐国打打内战还行，打外战就没有什么经验了。慌乱当中，吕禄甫猛然想起了郑寤生有过击败北戎的光辉战绩，便向郑寤生发出了紧急求救信。

郑寤生很讲义气，大手一挥，就派了太子郑忽率领大军前去援救齐国。

郑忽的军事指挥才能在郑国仅次于二弟郑突，一到战场，如神兵降临，一顿西瓜乱切，杀死了三百戎兵，还俘获了戎军的主帅大良和副帅少良。

吕禄甫此时死心塌地地信服郑寤生。之前他还想争一争三国联盟的盟主之位，到了这时，他已心甘情愿让郑寤生当盟主。

为了庆祝战争胜利，吕禄甫在齐国举行了一次盛大的宴会。很多诸侯国都派使臣过来参加。

中国人自古以来就讲究排座次。排座次是一门高深的有关社会关系的学问，绝对不可以马虎。

现在，齐国的这次宴会，排座次成了一个重大的问题。

吕禄甫是个老滑头，身为主人，他不想亲自出面排座次。因为无论怎么排，总有一个人会坐在最后排，总会得罪一个人。所以，他就把这个相当棘手的任务，交给了鲁国的某位大夫。众所周知，鲁国人对周礼研究最为透彻，由鲁国人来排座次，应该是公正无比的。

这位鲁国大夫欣然接受了这个任务，能在国际盛宴上展示他的能力,他感到无比的光荣。

他排座次的原则很简单,就是按照诸侯国的爵位来排。公爵坐第一排,侯爵坐第二排,伯爵坐第三排,依此类推。

当时来参加宴会的使臣所代表的诸侯国,大部分都是公爵国和侯爵国。

很不幸,郑国是那次宴会上唯一的伯爵国。

所以,即便郑忽为齐国的抗战立下了大功,他仍然被安排在了最后一排。

郑忽又气愤又尴尬,但又不好说什么。回去之后,他就把这事儿告诉了老爹。

郑寤生很生气,就此埋下了对鲁国的怨恨。

——鲁允啊鲁允,你也太不会做人了。要是你大哥鲁息姑在,怎么可能如此不给我面子?看来我得找个机会教你做人!

当然,郑寤生并没有马上去充当鲁允的启蒙教师,毕竟事情有轻重缓急,他还有很多重大的事情要去处理。

公元前 705 年,有两座城市发生了叛乱,一座是盟邑,一座是向邑。

需要说明的是,盟邑、向邑就是苏氏十二座城邑中的其中两座。当年周林耍阴招,把郑国的四座城邑拿去之后,苏氏的十二座城邑却迟迟不交割给郑国。但郑寤生认为,既然当初签了土地交易协议,这两座城邑总有一天会是我郑国的,现在出了叛乱,我就有责任和义务去平乱。

所以,这年秋天,他联合了齐国、卫国去攻打两座城邑。

其实盟邑、向邑区区两座城邑叛乱,郑国自己出兵就能平定下去,为什么要拉上齐、卫两国呢?

原因就是,盟邑、向邑的叛乱是天子周林在背后唆使的,郑寤生要让周林知道,你若惹我,我便能分分钟组建一个团伙来灭你。

三国联军一到，三下五除二，很快就平定了盟邑、向邑的叛乱。

周林见势不妙，连忙将盟邑、向邑的百姓迁到郑地保护了起来。

自此以后，无论是明面上还是背地里，周林都不敢惹郑寤生了。

按理来说，作为三国联盟的主力成员，鲁国是应该参与平定盟、向之乱的。但鲁国并没有参加。很明显，因为上次排座次的问题，两国关系出现了极大的裂痕。

处理完手里一系列琐碎的政务之后，郑寤生终于腾出手来教训鲁国了。

公元前702年冬，郑寤生联合齐国、卫国，攻打鲁国。

此时的吕禄甫有点尴尬。因为鲁允是他的女婿，老丈人跟在郑寤生后面打女婿，这怎么都说不过去。

但吕禄甫没办法。郑寤生是三国联盟的盟主，上次抗击北戎时郑寤生又帮了大忙，更何况郑寤生是他二十多年的老朋友了。衡量一下，相对于鲁国来说，还是和郑国这个盟友的关系更靠谱一点。

郑、齐、卫三国联军一路打到了鲁国的郎邑（今山东省曲阜市附近），在郎邑吃喝玩乐了好几天。

除了吃喝玩乐，三位国君啥也没干。

估计是吕禄甫替女婿说了很多好话，郑寤生其实也只是想给鲁允一个小小的教训，所以打到郎邑，就没再往都城曲阜继续前进了。

鲁允也很聪明，横竖不出兵，随便你们三位大爷在郎邑观赏鲁国的美丽风景，还是做什么。

三位大佬玩了几天，收工，回国。

这是郑寤生最后一次率军出征。

公元前701年5月7日，春秋时期前七十年里最为伟大的政治家、一代枭雄郑寤生，在新郑薨了，享年五十六岁。谥号：郑庄公。

郑寤生纵横国际社会几十年，把周天子玩弄于股掌之上，让中原

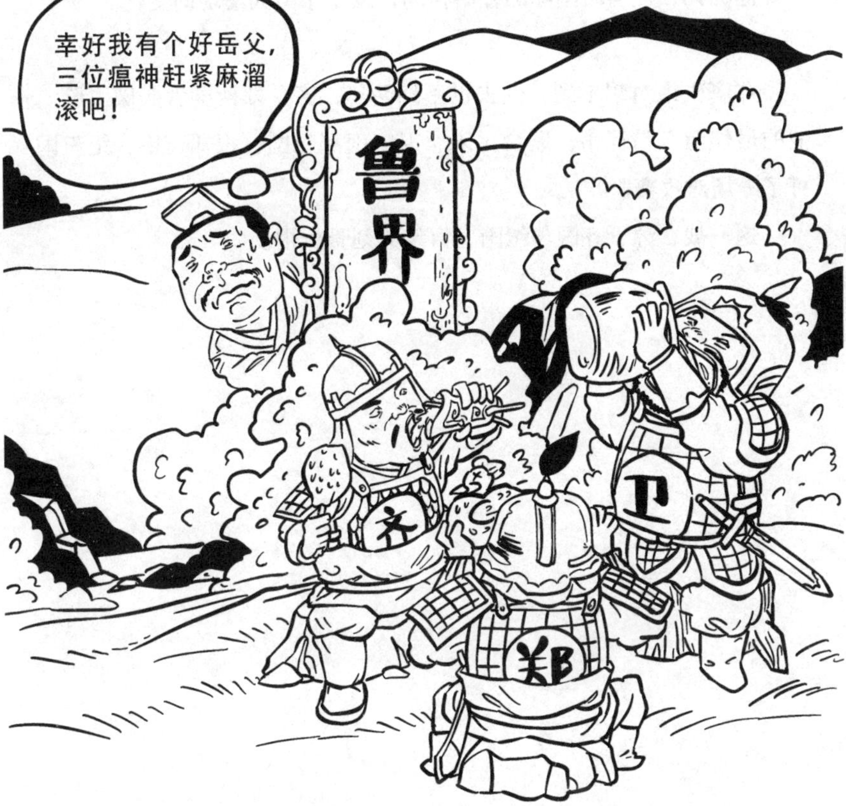
幸好我有个好岳父，三位瘟神赶紧麻溜滚吧！
鲁界
齐
卫
郑

诸侯列国在他面前俯首帖耳，可说建立了一番旷世伟业。他拥有称霸的勃勃野心，但是，碍于历史的原因，他始终没有真正称霸。所以，后人只是把他称为"小霸"。

但是，在春秋三小霸里，他又是那个无可争议的核心人物。

他的死，让当时国际的社会格局，发生了翻天覆地的变化。

郑寤生绝对想不到，他去世不到两年，齐、郑两国就撕破了脸。他的最佳盟友吕禄甫，联合了宋、卫、南燕三国，跟郑、鲁、纪三国打了一场对攻赛。

这一战，源于齐国与纪国上百年的刻骨仇恨。

第二十一章

八世之仇

报仇!一个灭你的借口

公元前883年，纪侯向天子周夷进谗，烹杀了齐国国君吕不辰。

从那之后，每一任齐国国君都会告诫他的储君：纪国是我们在这个世界上最大的仇敌，我们要想尽一切办法，灭掉纪国，为哀公报仇雪恨。

本来论实力，齐国要强于纪国。但自从烹吕事件之后，齐国陷入了一段长达七十多年的动乱，无力对纪国采取有效的报复行动。

直到吕购即位，他长达六十四年的稳定执政，让齐国实现了伟大的中兴。

吕购的儿子吕禄甫即位后，继续执行老爹的政策，齐国在他手里变得更加强大。

我们看一下春秋初期的地图就知道，齐国领土面积比纪国大了十倍还不止，其国力自然也比纪国要强大得多。

这个时候，灭掉纪国，报八世之仇，就被吕禄甫提上了日程。

何为八世之仇？

吕不辰被害后，从吕静（齐胡公）、到吕山（齐献公）、到吕寿（齐武公）、到吕无忌（齐厉公）、到吕赤（齐文公）、到吕购（齐庄公），最后到吕禄甫（齐僖公），一共经历了八任国君。

不能再有九世之仇了！吕禄甫发誓，这个复仇的任务，必须在他手里完成！

山雨欲来风满楼，纪国当然知道吕禄甫即将对本国展开复仇之战，所以纪国也没有闲着，通过各种办法提升国力，以增加对抗齐国的底气。

提升国力最重要的途径之一，就是发动对外战争，吞并别的诸侯国，争夺资源。

当时纪国的地理位置是这样的：西边是齐国，东边是莱国与淳于国，南边是州国，北边就是渤海。

纪国与莱国早在几百年前就是亲密的盟友关系，更何况莱国的实力比纪国强大许多，这是万万打不得的；纪国与淳于国、州国实力相差无几，出于巩固边防稳定的战略需求，这两个诸侯国也不能打。

三个邻居都不能打，那就只能翻山越岭，去看看还有其他什么诸侯国可以打的。

在州国的南方，是莒国，也是纪国的盟友，其实力也比纪国强大，打不了。

在淳于国的东边，是夷国（今山东省青岛市即墨区），其领土面积跟纪国差不多大，但总体实力略弱于纪国。

找来找去，就只有夷国可打了。

公元前722年8月，纪国借道莱国，对夷国发动了猛烈的攻击。至于最后谁胜谁败，史书没有说，但我们完全可以推断，纪国在莱国的帮助下，必定战胜了夷国。

因为相隔太远，纪国并没有占领夷国的土地，而是抢夺了大量的资源和财宝。

战胜夷国后，虽然国力略有提升，但这并不能给纪国带来足够的安全感，它必须寻找更强大的盟友，以应对随时可能到来的抗齐大战。

在当时的山东大地上，唯一有实力与齐国相抗衡的，只有鲁国。

所以，跟鲁国结盟，就是纪国接下来最重要的外交战略。

公元前721年，纪国第三十任国君纪帛（纪厉侯）迎娶了鲁国国君鲁息姑的大妹子伯姬，纪、鲁两国自此建立了亲密的战略合作伙伴关系。

针对纪帛的外交行动，吕禄甫很快就做出了反应。

环顾中原诸侯列国，最有实力去对抗鲁国的，毫无疑问是郑国。

吕禄甫马上派使臣出使郑国，向郑寤生表达了建立两国友好邦交的意愿。很快，他就跟郑寤生在庐地结盟。庐地结盟后，他还是不大放心，第二年又跟郑寤生在石门会盟。

有了郑国这个强大的盟友，吕禄甫还不满足。他决定扩大外交战果，把鲁国也拉过来做盟友。如此一来，将来一旦跟纪国发生战争，鲁国作为齐、纪两国的盟友，只能两不相帮。这就相当于削弱了纪国的外交援助力量。

经过一番艰难的拉锯谈判，鲁国终于同意与齐国建立战略合作伙伴关系。公元前717年，吕禄甫在艾地与鲁息姑结盟。

很显然，鲁国与齐国结盟，遭到了纪国的严重抗议，鲁国也有所动摇。

吕禄甫行动十分迅速，眼看齐、鲁结盟有松动的迹象，立马派弟弟夷仲年访问鲁国，巩固在艾地结盟达成的关系。

接下来，吕禄甫又展开了一系列卓有成效的外事活动：公元前715年7月，他主持召开了瓦屋会议，居中调和郑国与宋国、卫国的矛盾，初步确立了他在国际社会上的领袖地位；同年8月，他在郑寤生的引荐下，去洛邑拜访了天子周林，跟周王室修复了关系，得到了周王室对齐国大国地位的认可。

随后，齐、郑、鲁三国联盟正式建立，吕禄甫跟着郑寤生一起，打着天子的旗号，到处讨伐不庭。

他成了中原大地上跟郑寤生并列的小霸主。

完全可以说，这个时候的齐国，达到了建国三百多年来的最巅峰。

以如此超强的实力，谁可抗衡？

按理来说，这个时候征伐纪国的条件已经成熟了，齐国可以起兵了。

但是时机并不成熟。

这些年，郑、齐、鲁三国联盟四处征讨的对象，是那些表面上不尊重周王室的诸侯国。

而纪国并没有对周王室不尊重，三国联盟找不到公开讨伐纪国的理由。

报八世之仇这个理由可以吗？

不可以。

因为谁都知道，所谓的报"八世之仇"，只是齐国为了吞并纪国找出来的一个完美借口，私心太重。

既然不能来阳的，那就来阴的。

怎么阴？

具体方案是这样的：吕禄甫和郑寤生一块去纪国进行国事访问，然后趁机率大军对纪国进行袭击。

这个阴险狡诈的方案，一看就是阴险狡诈的郑寤生提出来的。这种事，他干了不是一回两回了，并且每次都很成功。

吕禄甫大喜，他相信，只要按照这个方案去执行，一定可以顺利吞并纪国。

但他很显然低估了纪国人的智商。

公元前707年夏，在吕禄甫和郑寤生率大军刚刚抵达纪国边境的时候，纪国就派人来告知这两位大佬："不好意思，国内发生了紧急事务，这次没法招待两位贵宾了，还请回去吧！"

吕禄甫和郑寤生顿时愕然。看到精心筹划的阴谋被识破，没法对纪国进行奇袭了，只能悻悻地率军退去。

纪国逃过一劫。

这次逃过一劫，并不意味着下次还能逃过一劫。

纪国意识到，必须寻找一个强大的靠山作为盟友，去牵制齐国。

当今天下，唯一能牵制齐国的，也只有周王室了。

虽然天子周林在繻葛之战中战败，权威被削弱下去，但不管如何，周林仍然是天下共主，仍然能在政治上对齐国形成威慑力。吕禄甫本人在几年前还特地去了一趟洛邑，朝觐了周林，表达了对周王室的忠诚。

只是，纪国一个小国，能有什么资格傍上周王室这座靠山？

必须找一个跟周王室关系好的中间人去跟周王室说点好话。

想来想去，鲁国国君鲁允是最合适的。

公元前706年冬，鲁允生了个大儿子，举办满月酒。这个大儿子是他跟文姜生的，而文姜是吕禄甫的女儿。纪国国君趁着这个机会，准备了厚礼，去鲁国喝满月酒。

这个时候的纪国国君，是纪帛的儿子，刚即位两年，史书上没有留下他的名字，但留下了他的谥号——纪武侯。

小纪首先向鲁允表达了真诚的祝贺，然后表明了来意，希望鲁允看在纪、鲁两国姻亲关系的分儿上，辛苦一趟，去洛邑面见天子，表达纪国的意愿。

鲁允很为难。他是吕禄甫的女婿，跑去洛邑让天子牵制齐国，这显然是跟老丈人过不去，回头他老婆文姜得把他耳朵揪下来。

但小纪也是自己的亲戚，说起来算是自己的外甥，这个忙不帮的话，面子上过不去。

想来想去，鲁允终于有了一个主意：你们纪国还有年轻美貌的公主吗？有的话，我给你和天子牵线做个媒，天子成了纪国的女婿，自然就会帮你牵制齐国了。

小纪大喜。他女儿还小，但妹妹是有的，名叫纪姜。

公元前704年，纪国将公主纪姜嫁给了周林当妃子。

跟王室联姻毕竟还是有效果的，周林娶了纪姜之后，就给吕禄甫传达了一个旨意，让他给自己一个薄面，别老去为难纪国。

吕禄甫很愤怒，但天子的面子不能不给，他忍下了这口恶气，接下来几年闭口不提伐纪的事。

但闭口不提,并不意味着没有筹划。

公元前701年上半年,吕禄甫就筹划着跟卫国出兵一起攻伐纪国。正在筹划的时候,最佳盟友郑寤生去世了。

这些年来,吕禄甫对郑寤生的感情是相当复杂的,酸酸甜甜,可谓五味杂陈。

齐、郑结盟之后,吕禄甫以大国领导人身份在国际舞台上长袖善舞,调解郑和宋、卫两国的关系,促进郑、鲁两国结盟,建立三国联盟,其国际地位很明显在郑寤生之上。

但是,郑寤生后来打着天子的旗号,四处讨伐不庭,多数时候都掌握着三国联盟的最高军事指挥权,国际地位很快就超过了吕禄甫。

在很长一段时间里,吕禄甫、郑寤生明面上是一对亲密友好的盟友,但实际上暗地里也在各种较劲儿,以争夺中原地区的霸主之位。

但后来发生的两件事,让吕禄甫不得不承认郑寤生的老大地位。

一件事,就是在繻葛之战中,郑寤生击败了天子周林率领的联合国大军,这完全超出了吕禄甫的想象,让他对郑寤生佩服得五体投地。

另外一件事,就是郑寤生派太子郑忽去帮助齐国击退北戎,吕禄甫很承这个情。

虽然两人之间有竞争,但吕禄甫毕竟是大国领导人,胸襟广阔,有战略眼光,他知道,齐国要想扩张霸业,就必须得有郑寤生的支持。

更何况,从私人关系来看,两人在二十年的并肩战斗中,建立了深厚的情谊。

所以,乍闻郑寤生去世,吕禄甫心中是充满了悲痛的。

但吕禄甫内心估计也略感窃喜,毕竟,从此以后,中原大地,他吕禄甫就是唯一的小霸主了。

这个时候,天子周林已经进入了执政晚期,他的身体慢慢衰老了,年轻时候中兴大周王朝的雄心壮志也慢慢消失了,可以说,他开始过上了幸福的养老生活。

吕禄甫察觉到了这一现象，他意识到，是时候摆脱周天子的牵制，去公开讨伐纪国了。

公元前699年2月，齐联合卫、南燕两国，发兵攻打纪国。

纪国根本无力抵挡三国联军的雷霆攻击，忙派人去向最亲密的盟友鲁国求援。

两年前，郑、齐、卫三国联军攻打鲁国，一直打到郎邑，从那时起，鲁允就跟老丈人撕破了脸。既然老丈人无情，那就休怪女婿无义了。鲁允立即决定，发兵支援纪国。

跟鲁允一起去支援纪国的，还有郑国国君郑突。

且慢！郑寤生的太子不是郑忽吗？郑寤生去世后，难道不应该是郑忽即位吗？怎么才一年多时间，郑国国君就变成二公子郑突了？难道郑国发生政变了？

是的，没错。

郑寤生死后，太子郑忽即位，是为郑昭公。

郑忽曾经拒绝过一个人的求亲，而这个人，以他的身份和地位，是无论如何也不该拒绝的。

这个人，就是与老爹郑寤生齐名的小霸主吕禄甫。

吕禄甫为了加强跟郑国的盟友关系，曾当面向郑忽提出，想把自己的闺女文姜嫁给他。

但是，郑忽委婉地拒绝了。

别人问他为什么要拒绝，他的回答是这样的："最好的婚姻，应该是门当户对。齐国比郑国强大，所以我自认为高攀不起文姜。郑国以后要发展，靠我自己就行了，我不用去依靠齐国。"

后来，郑忽率军帮助齐国赶跑了北戎，吕禄甫对他喜欢得不得了，再次向他提出，想跟郑忽结亲，但吕禄甫自己已经没有亲生闺女可嫁了（一共两个闺女，宣姜嫁给了卫晋，文姜嫁给了鲁允），他希望从吕氏宗亲里选一个闺女嫁给郑忽，以结齐郑之好。

但郑忽再次委婉地拒绝了，理由还是一样的：郑国是小国，不配跟齐国攀亲。

首席执政大夫祭足曾劝他："如果你娶了齐国公主，那你就拥有了一个强大的外援，这对你将来执掌郑国有百利而无一害。"还强调说，"你的两位弟弟郑突、郑亹（wěi）都有当君主的水平，为了防止将来出现变故，你最好把齐国公主给娶了。"

但郑忽仍然没有听从。别人问他为什么，他的回答是这样的："我之前没有为齐国做什么事情，尚且不敢娶他们的女子。现在受到君父的命令去为齐国解救危急，反而娶了妻子回国，这是利用战争而成婚，那百姓们会在背后怎么议论我呢？"

郑忽论行军打仗，在当时是一流的军事人才；但在政治上，很明显，他连小学都没毕业。他完全没有意识到，只有学好政治这门课，才能保障自己的国君之位，继而统治好一个国家。

祭足叹了口气，他知道，在这样一个强国林立、社会动荡的年代，郑忽还需要更多的时间、更多的精力去磨炼，不然，他很难成长起来。

基于跟郑忽这么多年良好的私人感情，也基于对郑国的忠诚，祭足打定主意，要好好辅佐郑忽，让郑国继续成为一流的大国，领袖群伦。

但是，一个强权人物的出手干预，让郑国从此陷入长达二十年的内乱。郑国，就此沦落为一个二流诸侯国。

那个强权人物的名字，叫宋冯，宋国现任君主。

郑寤生去世之前，做了一件事，就是把二儿子郑突送到了宋国。

为什么把郑突送到宋国，而不是送到其他诸侯国呢？

有两个原因：一个是郑突的舅舅雍氏就是宋国重臣；另一个是郑寤生待宋冯恩同再造，宋冯出于感恩之情，理应回报，好好照顾郑突。

郑寤生此举可谓是用心良苦，因为他知道郑突无论是政治才华还是军事才华都在郑忽之上，担心郑突心里不平衡，有朝一日在国内发动政变，弑兄篡位。

这种兄弟相残的事例在当时的国际社会，真是屡见不鲜。

为了防患于未然，郑寤生当时所能想到的最好办法，就是把郑突送出国去，避免流血事件的发生。

郑突的确很委屈，但是老爹有令，他也没办法。参加完大哥的即位典礼之后，他收拾收拾，就去宋国了。

如果没有意外情况发生，他这一辈子就会在宋国老死了。

想起自己曾经率领千军万马，横扫诸侯列国，击败北戎，那是何等的风光荣耀。但是，此后那些都不可能再有了。他一身的军事才华，都将埋没在舅舅家的一个小院子里。

外甥的低落情绪，舅舅看在了心里。

舅舅还是很心疼这个优秀的外甥的，他想帮帮外甥，让外甥有机会去实现一番伟大的抱负。

然后他就去找了宋冯，跟领导商量，看咱们宋国是不是可以帮一下郑突。

宋冯寄居在郑国十年，对郑寤生父子还是很感激的。但感激归感激，该要的回报一分也不能少。宋冯表示，要帮郑突可以，郑突一旦即位，郑国要给宋国一笔数额巨大的报酬。

然后，舅舅就安排郑突跟宋冯见面了。

其实郑突压根儿就没想过去推翻大哥的政权自己上位，毕竟他跟大哥感情相当好，兄弟俩曾被誉为郑国军事领域的"双子星"。

但是，被舅舅和宋冯一怂恿，畅想一番即位后的美好前景后，郑突也就同意了。

就这样，宋冯与郑突达成了政治交易：我助你成为郑国国君，你回报给我一笔数额巨大的报酬。

这笔报酬有多大呢？具体来说，是白璧一百双，黄金二十万两，每年交纳三万钟粮食，除此之外，还要割让三座城邑。

不得不说，这笔报酬实在是太大了。

但郑突为了成为郑国国君，咬了咬牙，答应了。

接下来，他们就开始秘密筹划起政变方案来。

这一年的9月，祭足以郑国首席执政大夫的身份，出使宋国。

这次出使宋国，是宋冯亲自邀约的，理由是郑国新君即位，应该继续加强宋、郑两国的友邦关系，探讨两国将来在政治、经济、军事、文化等各领域中的深度合作。

> 221 <

面对宋冯真诚的邀约，祭足无法拒绝。

祭足带着一种十分轻松的心情来到了宋国，他相信，这将是一次十分愉快的公差之旅。

然而，令他万万没想到的是，他一到宋国，迎接他的不是鲜花和掌声，而是一条绳索。

他被宋冯逮捕了。

祭足很惊愕，他十分不解地望着宋冯。

宋冯很坦然地告诉他："回去废掉郑忽，扶持郑突上台。"

如果不听呢？

"如果你不答应，我就派大军攻打郑国。发兵之日，就斩你头颅祭旗。"

祭足沉思良久，最终，在对郑忽的忠诚与保住自己的性命之间，他选择了后者。

宋冯很满意，当即放了祭足。

现在有一个疑问：祭足如果是假意答应宋冯，回国后又反悔，那到时该怎么办？

周礼规定，国与国、人与人之间一旦盟誓，就必须谨遵盟誓，绝对不可违约。一句话，讲诚信是做人最基本的准则。

祭足作为郑国首席执政大夫，他必须带头遵守诺言，讲诚信。

身在郑国的郑忽，很快就知道，那个自己一直视为相父的祭足大人，带着一个把他推下台的使命，正匆匆赶在回国的路上。

郑忽是一个优秀的军事将领，素来胆大。但他一当政，胆子忽然就变小了。

按理来说，他完全可以立即调动军队，阻祭足于国门之外，并趁机击杀祭足。

但是，他没有。

他好像瞬间失去了所有的智慧，失去了所有的勇气。

我们完全可以想象，此时此刻的他，在新郑公宫中惊慌失措、六神无主的样子。

最后，强大的心理压力，让他彻底崩溃了。

9月13日，即位不到四个月的郑忽，带着老婆孩子，收拾了细软，如丧家之犬，仓皇逃到了卫国。

9月25日，郑突在宋军的护卫下，回到新郑，即位为君，是为郑厉公。

郑突即位后，宋冯立即派人来索要报酬。

但郑突此时却不想给了。原因很简单，这笔报酬数额实在是太大了，如果真给出去，国库的一半都要被搬空；更何况，自己一即位，就割让三座城邑，这种丧权辱国的事一旦做了，势必遭到郑国臣民的谴责与怒骂，他这个国君的位子坐不坐得稳就很难说了。

他把祭足叫过来商量解决办法。

祭足表示，做人还是要讲诚信的，但既然这个盟誓是在威逼的情况下被迫答应下来的，所以这个诚信也可以打个折扣。

所谓打个折扣，具体操作方式：白璧和黄金只给三分之一；粮食从明年开始交纳；至于割让城邑，恐怕会引起国内政局动荡，请用交纳粮食代替之，今年冬天便可交纳。

宋冯看到这份打折的报酬方案之后，勃然大怒，他要求郑突信守承诺，按照原来的约定，将所有的报酬不少分毫地送到宋国。立刻！马上！

郑突没办法，但祭足有办法。

祭足建议，派人出使齐国、鲁国，委托吕禄甫、鲁允去给宋冯说句好话。

在祭足看来，吕禄甫是一定会帮忙的，因为郑、齐两国这二十多年来的关系实在是太好了；鲁允不一定会帮忙，因为一年前郑国联合齐、卫两国攻打过鲁国。

出乎意料的是，使臣带回来的结果跟祭足预料的完全相反，鲁允十分痛快地答应了，吕禄甫拒绝了。

鲁允为什么会答应呢？

因为鲁允想修复跟郑国的关系。

吕禄甫为什么会拒绝呢？

原来，吕禄甫一直都十分喜欢郑忽，即使郑忽曾经两次拒绝他的求亲，在他心里，他还是偏爱郑忽。如今，郑忽被郑突赶下台，他很为郑忽鸣不平。所以，郑突来求他帮忙，他就断然拒绝了。

鲁允的确是个热心肠的好人，他先是跟宋冯约在扶钟（今山东省汶上县东北）见面，请宋冯看在他的面子上，接受郑突新的报酬方案。

但宋冯很固执，一点面子都不给，非要坚持原来的报酬方案。

两人不欢而散。

鲁允心里很不爽，但他作为鲁国国君，从小接受周礼的熏陶，认为答应别人的事就一定要做到，所以，他跟宋冯又约在谷邱（今山东省菏泽市北）见了第二次面。

这次会面，鲁允带来了一样东西，他相信，宋冯看到这样东西，一定会动容，答应郑突的新方案。

这个东西，是一个彝（yí）鼎。

果不其然，宋冯看到这个彝鼎的时候，惨然色变，羞愧不已。

原来，当年华督发动政变，杀掉孔父嘉和宋与夷之后，为了获得国际社会的政治支持，给郑国、鲁国、齐国各送了一份国宝。当时送给郑国的，就是这个彝鼎，据说这个彝鼎还是商朝时铸造的，可谓价值连城。

鲁允取出这个彝鼎，就是明确告诉宋冯："当年你在郑国寄居十年，郑氏父子待你恩重如山，恩同再造，你当初明明答应要永远跟郑国保持盟友关系的，现在却为了一己之私，对郑国实施敲诈勒索，这岂不是忘恩负义吗？"

鲁允满以为宋冯作为一国之君，起码的良知应该是有的。但万万想不到的是，他高估了宋冯的道德水准。

宋冯白眼一翻，说了一句十分无耻的话："往事我早就忘了，到底是怎么回事，我回国之后去问问相关人士，看到底有没有那回事。"

很显然，一向宽厚仁义的鲁允此时心里如有一万匹马奔腾而过。

这个时候的气氛是相当尴尬的，但一个人的及时出现，暂时消解了这种尴尬。

这个人就是曾经被郑军暴打的十八线小网红南燕国的国君燕仲文先生。

燕仲文这次巴巴地跑来谷邱，是来寻求宋冯的外交援助的。

南燕国很小，却也是一块肥肉，一直被很多大的诸侯国惦记着。这些大国里，就包括齐国。吕禄甫在筹划伐纪的同时，也向南燕国伸出了爪牙。

燕仲文先生害怕了，思来想去，只有宋国能帮自己。他特意跑到宋国去拜访宋冯，却扑了个空，听说宋冯在谷邱跟鲁允见面聊郑国的事儿，又心急火燎地跑到谷邱来。

他见到宋冯的第一面，就真诚地希望宋冯当个中间人，去跟吕禄甫说说好话，让吕禄甫大人大量，不要为难南燕国。

宋冯为了展示自己中原大国国君的胸襟和风范，马上就答应了。

鲁允见宋冯答应帮南燕国去跟吕禄甫说好话，立马想起了纪国来。他抓住这个机会，当即就恳请宋冯，希望宋冯也帮纪国去跟吕禄甫说说好话，别老是为难纪国。

宋冯也慷慨地答应了。

这给了鲁允一种感觉：虽然宋冯这人极度贪婪，但为人还是很讲江湖义气的。

但后来的事实证明，他看错了宋冯。

两度跟宋冯会面，都没有说服宋冯接受郑国的新方案，这让鲁允内心十分愧疚。

其实鲁允跟郑突不是朋友，但人在江湖飘，讲的就是一个"信"字，既然答应了人家的事，无论多么艰难，都要去做到。

于是，接下来一年的时间，鲁允又真诚地邀请宋冯先后在句渎之丘（今山东省菏泽市北）、虚地（今河南省延津县东）、龟地（疑为今河南省睢县）三次见面，商谈新方案的事。

但是每次宋冯都支支吾吾，不肯放弃原来的方案。

给脸不要脸！

向来宽厚仁义的鲁允终于被激怒了，大骂宋冯贪得无厌，愤而跑去武父（今山东省东明县西南）跟郑突结盟，然后两国举兵讨伐宋国，他要让宋冯为自己的贪婪付出血的代价。

鲁、郑联军一路势如破竹，直接打到了宋国都城商丘城下。

宋冯慌了，连忙派人去齐国请求吕禄甫出兵相助。

吕禄甫这只狡猾的老狐狸，看到宋国有求于自己，就表示：郑突那小子驱逐他大哥郑忽，我很是不满，本来是打算出兵去攻打郑国的，但我一直在筹划攻打纪国，所以就没跟他动手。假如你们宋国肯出兵助我攻打纪国，那我自然就答应出兵帮宋国攻打郑国。

本来宋冯答应过鲁允，要帮纪国向吕禄甫说好话，请他不要难为纪国。但现在鲁、郑联军攻到商丘城下了，他瞬间就忘了他的承诺。

他转而向吕禄甫承诺，只要齐国帮忙出兵攻打郑国，他一定派兵攻打纪国。

于是，齐、宋达成了相互支援的军事协议。

搞定宋国之后，吕禄甫派人去卫国，要求卫军在攻打纪国时与齐军协同作战。卫国国君卫朔是吕禄甫的外孙，外公有命，外孙自然一口就答应了下来。

为了壮大伐纪声势，接下来吕禄甫又搞定了南燕国。吕禄甫跟南燕国表示，只要你们派兵助我攻打纪国，我以后就不侵犯南燕国。南燕国为了自保，当然忙不迭地就答应了。

一切准备就绪之后，公元前699年2月，齐国联合卫国、南燕国，一起向纪国发动了猛烈的攻击。

小小的纪国连齐国一国都打不过，更何况三国联军？

纪国慌了，在此国家存亡之际，它唯一的指望，就是求助鲁国。

鲁国与郑国正在攻打商丘城，接到纪国的求援信，鲁允立即做出决定，放弃攻打商丘，率大军去支援纪国。

郑突一直很感激鲁允的拔刀相助，决定趁这个机会还鲁允一个人情，于是就主动表示，我愿率军与你一同去支援纪国。

鲁允救纪心切，率大军先行一步，赶到纪都城下，跟齐军大战了一场，双方不分胜负。

正打得难解难分之际，卫、南燕两军趁机插上，分别攻打鲁军左右侧翼。

鲁军被三国联军围攻，瞬间左支右绌，就要招架不住。正在这时，一支生力军加入了战斗。

这是郑突率领的郑军。

当时在中原地区，论军事指挥才华，郑突毫无愧色地排名第一。

郑突一来到战场上，就敏锐地意识到，要想扭转战局，首先就要打败吕禄甫亲自指挥的齐国中军大营。齐国中军大营一乱，对方联军必败。

于是，他命令大将原繁率领一支精兵，如猛虎出山般，直接冲击齐国中军大营。

一直在城中固守待援的纪军看到鲁、郑大军赶来救援，顿时精神大振，打开城门，朝着距离城门最近的卫军勇猛地冲杀了过去。

一时之间，整个纪都城下，六国军队杀得昏天暗地、日月无光。

战役胜负的口子，首先从南燕军打开。

对阵南燕军的，是鲁军。

鲁允看到南燕中军大营里指挥作战的燕仲文，气不打一处来。就在一年前，鲁、南燕两国还在谷邱结盟，两国领导人发下誓言，将来一定要在经济、政治、文化、军事上有更多更深入的交流与合作。而现在，两国却在战场上兵戎相见。

鲁允忍不住发言讥讽："燕仲文，我们之前在谷邱会盟，牲口上的血还没干，你就背弃盟约，只知道一味地讨好齐国。你这样不讲信用，让其他诸侯国以后怎么看你？你难道不为贵国的长远之计做打算吗？"

燕仲文自知理亏，满脸愧色，只好率军佯装失败而逃。

南燕军败退后，鲁允立即率军与纪军夹击卫军。卫军难以抵挡鲁、纪两军的凶猛攻击，很快也败下阵去。

现在，战场上就只剩下齐军了。

原繁率领的大军正在与齐军激烈搏杀，腾出手来的鲁、纪两军又联手攻击齐军，齐军陷入钢铁洪流般的包围之中，兵力损失过半，苦苦支撑，眼看就要全线崩溃。

正在这危急时刻，所有人都听到一个消息：宋军即将杀到。

郑、鲁联军立即停止了对齐军的攻击，趁着宋军立足未稳，联手向宋军发动闪电般的攻击。

从商丘到纪都，宋军急行了五百公里，本想当最后的救世主，结果连营都没来得及扎下，就被郑、鲁联军打成了筛子，溃败而逃。

至此，吕禄甫精心筹备三十多年的伐纪之战，以惨败告终。

率军败退的时候，吕禄甫回头看着纪国都城，恨恨地表示：纪国啊纪国，今生今世，有你没我，有我没你。你等着，我下次还会回来的！

鲁允是他女婿，虽然撕破了脸面，但多少有些翁婿情意在，所以，他不会去问罪鲁允。

现在，他把所有的愤怒，都发向了郑突。

报复！

一定要让那个横插一刀的郑突付出血的代价。

一年多以后，也就是公元前698年10月，吕禄甫又纠集了宋、卫、蔡、陈四国大军，对郑国进行了突然袭击。

郑国毫无准备，被五国联军打得差点亡国。

宋军一马当先，首先攻破了新郑的渠门，一路杀到了郑国的太庙里，把太庙的椽子也取了下来，拿去做了宋国卢门的椽子。

吕禄甫成功完成了对郑突的报复。

只不过，对郑突的报复只是一时爽，只有吞灭纪国，为哀公报仇，才是一世爽。

然而，吕禄甫已经没有时间去报这个八世之仇了。

此时，他的身体状况急剧恶化，他已经到了油尽灯枯的时候。

同年12月，叱咤风云的一代小霸主吕禄甫先生，带着无尽的愤怒与遗憾，死在临淄公宫里。

他把灭纪的遗愿，交给了他的儿子吕诸儿。

吕诸儿，将继承父志，对纪国报那九世之仇。

吕禄甫去世的第二年，郑国又发生了政变。

这次政变，是郑国国君郑突先生主动发起的。他以发动政变的方式来清洗的对象，是首席执政大夫祭足。

第二十二章

祭足专权

为他作衣，抵此
人嫁大如吧

◉

自从祭足拥立郑突为君之后,他的心态就完全变了。

之前,郑忽即位,是以太子的身份,祭足对于郑忽的即位是没有半分功劳的。

而现在不同了,郑突的即位,祭足有拥立之功。这种政治性功劳,比任何伟大的军事性功劳都要大。所以,虽然仍然是首席执政大夫,但是,无形中,祭足的地位提高了几个量级。

当初在郑忽面前,祭足还得毕恭毕敬,小心谨慎;现在,在郑突面前,祭足开始耀武扬威起来。

他一手控制了郑国所有的军政大权,直接把郑突给架空了。郑突每天唯一要干的事,就是在祭足做出决策的项目协议书上,签字、盖章、按手印。

刚开始的时候,郑突还以为祭足是帮他熟悉政务,心里还有点感激。但时间一长,他就发现不对劲儿了。

——怎么郑国军政大事,都是祭足大叔说了算,我在哪儿呢?我算什么呢?

他终于意识到,他只能算根葱。

很多年前,两人在多个战场上并肩作战,结下了深厚的情谊。对于这位忠心耿耿、才干出众的长者,郑突是打心眼里佩服和尊重的。

而现在,所有的佩服和尊重都成了流水,剩下的只有怨恨。

——我要自己掌权!我要自己说了算!我要除掉这个老家伙!

郑突的这种想法,如同春天的野草,肆无忌惮地疯长起来。

即位三年多后,郑突终于决定向祭足动手。

他找了一个合伙人，允诺："只要你杀了祭足，这辈子荣华富贵由你享用。"

那个合伙人想了想，答应了。

这个合伙人的名字，叫雍纠，是祭足的女婿。

郑突和雍纠的谋杀计划是这样的：公元前697年春，郑突将带领群臣在郊外举行一次祭祀，需要在路上设宴招待祭足，到时雍纠用毒酒将祭足毒死。

这个计划看起来很完美。因为祭足绝对想不到，谋杀他的人会是他的女婿。当他在祭祀的宴会上端着酒杯一饮而尽的时候，他绝对不会对自己的女婿有任何的防备。

郑突和雍纠制定了这个暗杀计划后，就静静地等待祭祀那一天的到来。

郑突相信,这一次,祭足死定了。

但是,这个看似完美的计划中,出现了一个很小的漏洞。

虽然很小,但是足以导致整个计划失败。

这个漏洞,就是雍纠的嘴巴。

通常来说,干这种大事,应该连睡觉都用胶带把嘴巴封住,免得说梦话,泄露秘密。

但雍纠还是泄露了。

他泄露的对象,是他的老婆雍姬,而雍姬,正是祭足的亲生女儿。

当然,雍纠还没有蠢到把谋杀祭足的计划泄露给老婆这种地步,只是在夫妻日常的谈话中,无意中提到,祭祀那天,他会在路上给岳父大人设宴。

雍姬出生在一个贵族家庭,从小耳濡目染的就是权谋,在这样环境下成长起来的她拥有了非同一般的政治嗅觉。

她听到老公不经意间提到给老爹设宴这事,便心生疑惑:为什么不在家里设宴,而要跑到路上去设宴呢?

她心里产生了一种不祥的预感,担心老公会对老爹不利。

如果果真如此,老爹可能会遭遇不幸;但如果告诉老爹,老公就可能完蛋。

此时的雍姬,处于一个两难的境地。

一边是老公,一边是父亲。

一边有夫妻之恩,一边有养育之恩。

夫妻之恩与养育之恩,到底哪个更重要?

雍姬想不明白了。

于是,她干脆回到娘家,把这个两难的问题抛给了母亲:"妈,我问你个问题:你认为是老公亲,还是老爸亲?"

祭夫人没有丝毫犹豫,回答道:"当然是老爸亲啊!你想想,老公可以多找几个，老爸却只有一个。这怎么可以相比较呢？"

雍姬便没有任何犹豫，把她的猜测告诉了老爹。

大夫周氏，这天早上起来，像往常一样，吃完早餐，正准备出发去早朝。

还没出门，一个下人慌慌张张地跑过来告诉他，自家后院的池塘里，发现了一具尸体。

一大早听到这个消息，周氏吓得都要晕过去了。他定了定神，然后立刻拔腿就向后院跑去。

他仔细观看了尸体。尸体浸泡了一个晚上，有点浮肿，但周氏仍然一眼就认出来了，这具尸体是大夫雍纠。

然后，他马上把这事向郑突汇报。

郑突听了，很震惊。

他知道，他的谋杀计划已经破产了。

他担心祭足下一步就会对他动手。

他命人把雍纠的尸体放到车上，叹了口气，说："这种大事跟妇人商量，这真的是找死啊！"

然后，他收拾收拾，带着老婆孩子，逃到了蔡国。

临走时，他把两千多年后施瓦辛格的那句经典台词毫不客气地拿了过来："I'll be back！"（我还会回来的。）

郑突出逃的时间是公元前697年5月，接下来一个多月的时间里，郑国没有君主。

原因是，祭足在认真思考，到底扶持谁来当郑国的下一任君主。

下一任君主，在祭足看来，必须符合一个条件，就是容易被自己控制。

当了四年多的首席执政大夫，权势熏天，肆无忌惮，祭足早已不是当年那个以振兴郑国为己任的忠臣，而是一个想要长期牢固地掌握最高权力的权臣。

想来想去，祭足最终决定，迎立远在卫国的郑忽复位。

这绝不是因为他跟郑忽感情好，而是因为，他认为郑忽就是一个在政治上永远毕不了业的小学生，完全可以被自己轻松地掌控。

然而，事情却不是他想象中的那个样子。

6月22日，祭足把郑忽从卫国接了回来。

郑忽重新即位后，祭足向他详细解释了当初迫于无奈把他赶下台的内情。郑忽口头上称没关系，事情都过去那么久了，我也早就释怀了，你也不用老是放在心上。

真的释怀了吗？

其实，很难。

诚然，郑忽对祭足重新迎立他为郑国国君表示感激，但心里那个疙瘩总是很难解开，在平常的一言一行当中，郑忽时不时都会对祭足表现出不信赖。

祭足虽然位高权重，但是，当察觉到郑忽对他的态度后，他采取了一种以退为进的策略。

他向郑忽提出，自己身体一向不好，现在你既然回来了，我也可以休息休息了。

郑忽也不想自己执政的时候，有一个权臣在身边指手画脚，见祭足主动提出休假，假意安慰了一下，很快就批准了。

原以为郑忽复辟后，会继承老爹的遗志，励精图治，重现郑寤生时代的伟业。但他令人失望了。

郑突在位期间，虽然权力都被祭足控制，但好歹还干了几件大事：比如，跟鲁国国君鲁允在武父结盟，消除郎邑之战的误会；联合鲁国救援纪国，成功破除了吕禄甫灭纪的阳谋。

而郑忽呢，在复位两年多的时间里，他一件大事都没干。

这完全不像一个曾经在战场上叱咤风云的军事将领的风格。

他不干事，但事却找上了他。

那是一件足以致命的事。

干出那件事的人，是高渠弥。

高渠弥曾经跟随郑寤生南征北战，立下过不少功劳。尤其是在繻葛之战中，他向郑寤生献出了一套鱼丽阵法，杀得周军丢盔弃甲。

但不知怎么回事，郑忽对这位名将，横看竖看都看不顺眼，处处挑高渠弥的毛病。

郑寤生很是赏识高渠弥，自从首席执政大夫郑吕死后，郑寤生决定任命高渠弥为首席执政大夫。

郑忽很不高兴，就在老爹面前诋毁高渠弥，说他不适合担任首席执政大夫这么重要的职位。

郑寤生听了儿子的建议，就改让祭足担任首席执政大夫。

这下，高渠弥算是跟郑忽结下了梁子。

郑忽即位后，高渠弥就一直担心郑忽会找自己麻烦。好在郑忽这国君之位只坐了不到四个月，就主动辞职了，跳槽到了卫国。高渠弥接下来过了四年的舒心日子。

没想到，四年后，郑忽复位了。这对高渠弥来说，简直就是个噩梦。

高渠弥日日夜夜心惊胆战，生怕哪天郑忽想起前尘往事，对他下手。

两年过后，每晚都做噩梦的高渠弥终于心理崩溃了。

他已经熬不下去了。再熬，他就要变成神经病，被家人送到精神病院去度过余生了。

其实郑忽还是比较善良的，并没有对高渠弥记仇。当初他当太子的时候，看不惯高渠弥自有他的道理。但现在他是国君了，国君最大的才能就体现在知人善用。高渠弥是一个军事奇才，以后打仗还指望他带兵出征呢,所以,郑忽从没想过把高渠弥干掉。

当然,不排除这两年间郑忽偶尔心情烦躁,把高渠弥叫过来骂一顿。

高渠弥疑神疑鬼,满心以为郑忽随时要对他下手。

为了从那种妄想症里解脱出来,他终于决定,杀掉郑忽。

公元前695年10月22日。

这一天,郑忽出外打猎,护卫长正是高渠弥。

从这一点上看,郑忽对高渠弥是高度信任的,否则护卫长的职位给谁不好,偏偏给了高渠弥。

遗憾的是,郑忽出门之前,没有看皇历。因为这一天的皇历,清清楚楚地写着:宜装修,忌出行。

也就是说,这一天只适合在家里搞搞装修啥的,千万别外出。

郑忽不知道的是,在他专注地射杀猎物的时候,自己反而成了高渠弥的猎物。

一支从背后射过来的冷箭,穿过了他的胸膛。

此时的祭足,还在齐国出公差。虽然他经常不上朝办公,但并不意味着他完全退休了,有些国家大事还需要他出面才能处理好。

听到郑忽被高渠弥射杀的消息,他的第一感觉就是:"我的权力要被高渠弥分掉了。"

的确,根据历史经验,谁弑君成功,谁就掌握最后的大权。

祭足匆匆赶回郑国,处理后事。高渠弥恶狠狠地威胁祭足,要他识时务者为俊杰:你要是配合,咱们可以合作;要是不配合,你就等着瞧。

老滑头祭足当然明白自己此时的处境,他一口应承:"以后大事咱们一起商量着办,当然,最后的决定权在你手里。"

高渠弥对祭足所表现出来的态度很满意。

接下来最重要的一件事，就是拥立谁当新君。

有两个选择：要么就迎立郑突回来复位，要么就拥立郑突的三弟郑亹。

祭足坚决反对迎立郑突复位，因为他跟郑突的矛盾天下皆知，他担心郑突复位后，会对自己进行打击报复。

高渠弥虽然曾经跟郑突是战场上并肩战斗的好战友，但郑突嫉恶如仇，有仇必报，在位的时候就想暗杀祭足，保不定他复位后也会暗杀自己。

所以，郑突先生就被两位权臣毅然排除在外。

至于郑亹这个公子，一向就跟高渠弥关系比较好；更重要的是，他比较单纯，很容易控制。

经过一番紧急磋商，祭足和高渠弥最终决定，拥立郑亹上位。

郑亹作为老三，这辈子打死都没想到，自己居然有幸能成为郑国君主。

但郑国君主在郑国可不是一份好工作。最少目前来看，郑国君主是一份高危性质的工作，君主不是被流放，就是被杀掉。

这就像现代韩国的总统职位一样。韩国立国以来，九位总统，八位不得善终，一个比一个惨。

那为什么还有那么多政要人士争先恐后地去应聘这份工作呢？

因为每个应聘者都自负地认为，自己一定能跳出那个圆周率，成为特殊的那一个。

郑亹也是这种心态。他明知道郑国君主是份高危工作，依然兴高采烈地上任了。因为，他相信，自己跟大哥二哥是不同的。

至于怎样不同，他自己恐怕也说不出个所以然来。

但现实就是如此的滑稽与残忍，它狠狠地给了郑亹一巴掌。

郑亹的下场，比大哥二哥更惨。

当年，吕禄甫赏识郑忽，执意要把闺女文姜嫁给郑忽。郑忽深爱着他的原配夫人，委婉地拒绝了。

但齐国公主不愁嫁，吕禄甫为了跟鲁国加强联盟关系，就把文姜嫁给了鲁允。

鲁允本来还挺高兴，但后来就发现，自己娶错人了。

原因是，老婆给自己戴了绿帽子。

更可气的是，给自己戴绿帽子的那个男人，居然是自己的大舅子——齐国现任君主吕诸儿。

鲁允那时正在齐国访问，发现老婆与大舅子的苟且之事后，气得脸色发绿。

文姜见事情败露，连忙告知吕诸儿。

吕诸儿一不做二不休，指示大夫彭生将鲁允活活勒死。

鲁国震慑于齐国强大的军事力量，不敢采取军事手段为鲁允报仇，只能卑怯地用所谓的外交手段来处理此事，只希望吕诸儿杀掉彭生，然后这件事就算了。

吕诸儿为了给鲁国一个交代，只好把替罪羊彭生杀掉。

国际负面影响虽然降低了，国内舆情却是波涛汹涌，国人对吕诸儿的淫乱残忍表现出了极大的愤慨。

吕诸儿一看不妙，为了转移国内舆情的注意力，就打算在国际上干几件主持正义的大事，以塑造自身的正面形象。

他把目光投向了郑国。

公元前694年7月，也就是杀害鲁允半年之后，吕诸儿率领大军来到了卫国边境的首止（今河南省睢县东南），准备在那里召开一次诸侯会盟。

他向郑国新任君主郑亹发出了与会邀请。

自从郑寤生死后，郑国国内屡次发生政变，国力迅速下降，影响力更是大不如前。齐国国力却是蒸蒸日上，俨然已经成为诸侯列国的老大。

在接到吕诸儿的与会邀请后,郑亹很开心,认为只要跟齐国搞好关系,自己的位子就稳如泰山了。

祭足却劝告郑亹,最好找个借口,不要去参加此次会盟。

为什么呢?

祭足说出了两个原因。

其一,从私人的层面:郑亹少年时代,曾经跟吕诸儿发生过一次争斗,那时他仗着老爹是三国联盟的盟主,欺负过吕诸儿,吕诸儿很可能一直怀恨在心;

其二,从国家的层面:吕诸儿召集此次会盟,意图不良,可能会对我郑国有所图谋。

所以,如果去参加此次会盟,恐怕是凶多吉少。

但郑亹有他自己的考虑。他认为,二哥郑突现在还盘踞在郑国境内的栎邑(今河南省禹州市),复辟之心不死,要是自己这次不去参加会盟,吕诸儿必定会发怒,率领其他诸侯国攻伐郑国,然后扶持郑突复位。我这次前去参加会盟,跟吕诸儿搞好关系,我这位子就坐稳了。

必须要承认的是,郑亹的考虑是很有道理的。

郑亹要祭足和高渠弥陪同自己一块儿去。

高渠弥在军事上足智多谋,在政治上却少根筋儿,他完全看不清吕诸儿举办此次会盟的意图,还想着去国际会议上发表一下演讲,出出风头,所以欣然同意前往。

祭足却委婉地推辞不去,表示你们两位都出国了,国内也需要有人主持大局,再加上人老了,身体也不大好,我就不去凑那个热闹了。

郑亹没有勉强,便带着高渠弥如期来到了首止。

吕诸儿一见到郑亹就很生气,看到他那副神气活现的样子,就想到了多年前他欺负自己的往事。

他在心里说：郑亹小儿，我现在给你个机会，就当年欺负我的事，主动向我道歉。

然后，他就静静地等着。

他希望郑亹会做人。

只要郑亹主动道歉，他就饶过郑亹。

但郑亹让他失望了。

郑亹好像得了健忘症，对于往事，闭口不提，就像从前那件事从来没有发生过。

吕诸儿终于爆发了。

他提及郑忽的事，问郑亹："郑昭公到底是怎么死的？"

郑亹一听，汗流浃背。

高渠弥狡辩道："郑昭公本来就有疾病，受到贼子的惊吓，没有治好，病死了。"

吕诸儿马上说出了事实的真相，当着众诸侯的面，斥责郑亹与高渠弥，并正义凛然地表示：当年郑昭公助我齐国抗击北戎，对我齐国有恩。这样的大好人，却被郑亹和高渠弥害死，我今天非得给他报仇不可。

然后，他手一挥，埋伏在帐篷外的带刀甲士冲了进来，将郑亹砍成了肉酱。

对于杀害郑忽的罪魁祸首高渠弥先生，吕诸儿则给了他一个巨大的惊喜：没有将他一刀结果，而是将他五马分尸。

消息传回郑国，祭足沉默了。

他庆幸自己没有去参加盟会，否则，自己也难逃一死。

现在，郑国国君的位子再次空了，祭足作为首席执政大夫，义不容辞再次站了出来，主持郑国大计。

现在有资格即位的，只有两个人选：一个是郑突，另一个是郑突的四弟郑婴。

毫无疑问，祭足选择的是郑婴。

那时的郑婴还在陈国做人质。祭足亲自跑到陈国，把郑婴接了回来，立郑婴为郑国的新国君。

祭足因拥立之功，继续当着郑国的首席执政大夫。而郑婴呢，在祭足这位权势熏天的权臣面前，真的就像一个婴儿。

历经六朝而不倒的祭足，被誉为春秋第一权臣。

此时的祭足应该是寂寞的。放眼整个郑国，没有人是他的对手。

无敌是多么寂寞。

但有一个人比祭足更寂寞，因为在整个江汉流域，他都是无敌的。

尤其是在两个跟他齐名的小霸主郑寤生、吕禄甫先后去世之后，他就更加寂寞了。

这个人，当然就是楚国国君熊通。

第二十三章

熊通之死

无敌是多么寂寞啊

◉

打败汉阳诸姬里最强大的诸侯国随国后,熊通下一步的目标,就是征服其他诸姬国。

汉阳诸姬一共有十三个,上次参加沈鹿会盟的诸姬国,只有南申国、邓国、鄾国。可见,要想征服其他诸姬国,还有一条漫长而艰辛的路要走。

毫无疑问,现在的楚国已经是江汉流域的霸主国,也吞并了不少的诸侯国,但汉阳诸姬都是实力比较大的诸侯国,要想将它们直接吞并,以楚国现在的实力,还做不到。

因此,所谓的征服,不是吞并,而是跟它们结盟,让它们臣服于自己。

为了达到这个目的,熊通采取的策略,就是将其一个个分化瓦解。

他准备首先跟贰国(湖北省广水市)与轸国(今湖北省应城市)结盟,把这两个诸姬国拉入自己的阵营。

公元前701年,熊通派他的儿子屈瑕率领一支大军东进,前往贰国、轸国,以武力迫使它们订立盟约。

熊通的这一举动,让另一个诸姬国大为恐慌,连忙调集一支大军进行阻击。

这个诸姬国,就是郧国(今湖北省安陆市)。

郧国是沈鹿会盟的参与国之一,说明郧国与楚国是盟友关系。既然如此,那楚国去跟贰国、轸国结盟,郧国为什么要派兵去阻击呢?

因为楚国的这一举动,严重威胁到了郧国的国防安全。

当时郧国位于贰国的西南部、轸国的东北部,被贰国、轸国夹在中间,且郧国距离贰、轸都只有四十五公里左右。一旦楚国跟贰、轸结盟，勋国就随时可能会被楚国包饺子，亡国是迟早的事。

同样感到受威胁的，还有随国（今湖北省随州市）、州国（今湖北省洪湖市）。

地图上，从北到南，依次是随国、贰国、勋国、轸国、州国。这其实是汉阳诸姬搭建起的一条坚固的防御体系。一旦楚国跟贰、轸结盟，这条防御体系就完全崩溃了。到时，楚国就能将随国、勋国、州国各个击破，尽数吞并。

这五个较远的诸姬国被吞并后，楚国就能腾出手来吞并较近的绞国（今湖北省十堰市郧阳区）和蓼国（今河南省唐河县）。

如此看来，熊通跟贰、轸结盟，是多么厉害的招数。

所以，勋国马上决定起兵，对楚军进行拦截阻击；同时，它联络了随、州、绞、蓼四国，让他们出兵协同作战。

勋国派出了一支精锐部队，驻守在边境地区蒲骚（今湖北省应城市西北），这里，是楚军去往贰、轸必经的交通要道，同时，也是拦截阻击楚军极好的战略高地。

此时的楚军孤军深入，勋国相信，一旦在蒲骚决战，五国联军对楚军进行围攻，一定能将楚军尽数歼灭于此地。

屈瑕得知了这一军事情报，不由得忧心忡忡。他这些年来率军东征西讨，几乎没有败绩，战功赫赫。他可不想在蒲骚这个小地方翻船，毁了一世英名。

所幸的是，他带的一个高智商的智囊，为他提供了一个带点冒险、但取胜概率相当大的方案。

这个人叫斗廉，是令尹斗伯比的弟弟，按辈分，就是屈瑕的叔爷爷。

以楚军的实力，一对一单挑，勋军当然不是对手。勋军取胜的唯一途径，就是五国联军对楚军进行围攻。

然而，现在其他四国军队还在赶来的路上，所以，必须抓紧时间提前跟勋军进行决战。

只要将郧军击败,斗廉相信,其他四国军队将闻讯而逃。

那现在的问题关键是,如何将郧军一举击败呢?

斗廉分析道,郧军驻扎在蒲骚,此时他们天天都在盼着其他四国军队早日赶来,并且倚仗着城池坚固,因此,他们应该没有做好跟楚军一对一单挑的心理准备,必然缺乏警戒。

他建议:"你率领主力部队驻扎在郊郢(今湖北省钟祥市),我则率领一支精锐部队,趁着夜色,对蒲骚进行突然袭击,一定能战而胜之。"

屈瑕作为主帅,很是谨慎,虽然他也认同斗廉的这个作战方案,但他担心兵力有限,一旦分兵,会存在某种风险。他认为,最好立即向国君请求增兵支援。

但是斗廉立即否定了他这个保守的想法,认为兵贵神速,必须跟敌人争抢宝贵的时间。

"军队能够获胜,在于团结一致,而不在于人多。只要我们整顿好军队,鼓舞好士气,以我们现在的兵力,足够击败郧军。"

屈瑕仍然犹豫不决,最后,他决定,占卜一下,看老天爷有什么指示。

斗廉又笑又气:"我这个老头子都不信迷信,你这年轻人倒是个迷信患者。"

"占卜是为决断疑惑,你没有疑惑,为什么要占卜?"

屈瑕看到叔爷爷如此坚定地相信他自己的作战方案,终于下定了决心。

郊郢距离蒲骚一百六十公里。斗廉率领一支精锐部队,连夜急行,赶到蒲骚城下的时候,果然发现郧军防守十分松懈。

斗廉立即下令,对蒲骚城发动猛烈的攻击。

郧军在睡梦中被惊醒,得知楚军如天兵降临,惊慌失措,根本无心作战,四散溃逃。

果如斗廉所料,其他四国军队得知蒲骚城一夜之间就被轻松攻破,心想楚军强大到如此地步了,恐惧万分,掉头就各自回国去了。

接下来,屈瑕率领着楚军,以武力相威胁,跟贰、轸两国订立了盟约,成功实现了熊通制定的初步分化诸姬国的战略意图。

搞定贰、轸这两个距离较远的诸姬国后,熊通紧接着就把目标锁定在了较近的绞国身上。

绞国在汉阳诸姬中,算是比较小的诸侯国。

虽然如此,但熊通仍不敢大意,这一次,他决定亲自率领大军去征伐绞国。

公元前700年,楚军从都城丹阳出发,行程七十多公里,一天之内就赶到了绞国都城的南门外。

春秋时期一般打的都是君子之战,就是找一块空地,双方摆好阵列,然后相互冲杀。

但你让绞军跟楚军摆开阵列来一场所谓公平的决战,这明显对弱小的绞国不公平。

绞国虽小,但不傻,它知道一对一单挑,只有挨揍的份儿,所以,它选择了最聪明的办法:坚守城池。

任你在城下喊破喉咙,我就是不出城,你奈我何!

绞国的城墙十分坚固,楚军围攻了一个多月,也没能攻破城门。

熊通怒了:"这么小的一个诸侯国,打了这么久都没打下来,还谈什么征服汉阳诸姬?更别谈什么挺进中原了!"

这个时候,压力最大的,就是屈瑕了。

屈瑕身为莫敖(官名),执掌楚国军事大权,此次攻伐绞国,虽然熊通是最高统帅,但实际上屈瑕是前线最高指挥官。

眼看老爹发怒了,再不想办法攻下绞国,自己恐怕要受军法处置。

他在绞国都城转了一圈,研究周边地形,并掌握了绞国军队的特点,终于想出了一个办法。

这个办法用一个字可以概括:诱。

众所周知,蚯蚓是鱼最喜欢的饵食。一条蚯蚓,分成几段,能钓好几条鱼上来。

屈瑕放出的饵食,是三十个楚兵扮作的砍柴人。

这三十个砍柴人,来到北门的山上,在那里砍柴。

我们都知道,打仗最后拼的其实就是强大的后勤。士兵是要吃饭的,而饭是要用柴来烧的。绞国人在城头上一看,楚国人驻扎在南门,现在居然派人跑到北山上来砍柴,说明后勤已经出现了问题。如果把砍柴人抓起来,那楚军没柴烧饭,时日一久,自然就不战自退了。

于是,一支小分队打开北门,发一声喊,就把砍柴人尽数捉拿。

在战争时期,只要俘虏了敌人,不管是士兵还是后勤人员,都算是军功。

看到这支小分队俘虏了三十名楚军后勤人员,其他军士很是羡慕嫉妒恨,个个摩拳擦掌,心想要是改天还有砍柴人上山,我们也要去抓他几个。

不出所料,第二天,楚军又派出了砍柴人去北山上砍柴,并且这次派出的砍柴人,数量甚多。

在绞国人看来,楚军的后勤已经出现了十分严重的问题,否则不会这么急眼,一下子派了这么多人来砍柴。

于是,他们派出了数千士兵,跑到山上去捉拿砍柴人。

但是他们万万没想到,此时的楚军已经派了一支精锐部队悄悄地埋伏在北门附近,同时还在山下设下了一支伏兵。

绞国军队跑出去抓捕砍柴人,埋伏在北门附近的楚军立即现身,封死了出城的绞军的退路。埋伏在山下的那支伏兵,对绞军发起了猛烈的攻击。绞军完全没有任何准备,仓促应战,最后死伤过半。而北门边的楚军,同时也对防守虚弱的北门进行强攻。北门陷落。

按说楚国此时完全可以吞并绞国,把绞国纳入楚国的版图,但熊通没有这么做。

一旦吞并绞国,其他诸姬国就会团结一致,联合起来攻打楚国。

现在的楚国还没强大到能同时对付汉阳诸姬，只能一个个分化瓦解，让他们臣服于自己。

因此，熊通在绞都下，跟绞国签订了一个城下之盟。

城下之盟，对战败国来说，就是一个耻辱的盟约。

逼迫绞国签订城下之盟后的几年，熊通又再接再厉，将郧国、蓼国、州国也尽数吞并。

在征伐绞国的战役中，楚军其实是两路并行，一路走陆路，一路渡彭水。

在彭水之滨，有一个诸侯国，名叫罗国（今湖北省宜城市）。

罗国其实也是沈鹿会盟的参与国，当初受到楚国的胁迫，不得已臣服于楚国。但它内心一直想举起旗帜去反抗楚国的残暴压迫，实现翻身农奴把歌唱的美好愿望。

现在，熊通亲自率军攻打绞国，都城丹阳应该空虚，罗国国君便想趁此机会去攻打楚国。但罗国国君摸不准防守丹阳的军备力量，当下最好的办法，就是去侦查征伐绞国的楚军兵力有多少，一推算，自然能得出丹阳的军队数量。

他派了一个叫伯嘉的大夫，偷偷跑到绞国附近去刺探楚军军情。

必须称赞一句的是，伯嘉是一个工作极其认真负责的大夫，他生怕侦查有误，影响了国君的决策，他把楚军的兵力来来回回数了三遍。

三遍，都是那个数字，没错了。

通过手上掌握的数据，他得出结论，丹阳的防守军备力量仍然十分强大，罗国如果贸然出击，恐怕没有胜算。

罗国国君就此打消了趁火打劫的想法。

伯嘉一直以为他的侦查工作做得相当隐秘，实际上，在他侦查第三遍的时候，就被楚军发现了。只不过他跑得及时，没有被楚军抓住。

熊通一听到这个消息，怒从心起。罗国不属于汉阳诸姬，背后没有强大军事力量的支持。他决定，灭掉罗国。

公元前699年春，熊通派屈瑕攻打罗国，要求他必须一举成功。他相信，这个优秀的儿子一定会给他带来好消息。

屈瑕更是信心满满，当着老爹的面立下了军令状：要是拿不下罗国，我就不回来见您。

毫无疑问，蒲骚之战和绞都之战两次辉煌的胜利，让屈瑕有了骄傲自负的资本。

他骄傲自负的态度，被令尹斗伯比看在眼里。

斗伯比深深明白一个简单朴素的道理：一个统帅一旦骄傲起来，就会轻敌；一旦轻敌，就会失败。

但大军已然出发，临阵换帅肯定是不可能的，当下避免失败的最好办法，就是增兵支援。

他马上跑去面见熊通，把他的担心说了出来，建议熊通立即增兵。

然而已经来不及了，屈瑕立功心切，已经以急行军的速度向罗国开去，后面支援的军队赶都赶不上。

事实上，在屈瑕的身边还是有一些高智商的智囊的，他们清楚地看到了屈瑕骄傲自负的态度，同时也看到了在这种骄傲自负的态度支配下的整个楚军所展露出来的缺点。出于自身的责任，他们积极地向屈瑕建言献策。

可惜的是，这个时候的屈瑕，已经不再是蒲骚之战前夕的那个屈瑕。他听不进任何人的建言，他深信自己的决策和安排就是唯一正确的。智囊们说得多了，他竟恼怒起来，派人在军中发布了一个正式的通告："谁要是再敢建言，谁就要受到军法处置！"

这个通告一出，所有的智囊都闭嘴了。

大军达到了鄢水（今湖北省中部汉水支流蛮河）。

屈瑕下达了强硬的指令，命大军迅速渡过鄢水，以防罗军半渡而击之。

这个时候的楚军，心慌意乱，在争相渡河的时候，队伍出现了严重的混乱。一混乱，整个的防守就松懈了下来。

慌忙仓促中渡过鄢水后，屈瑕也没有停下来好好整顿军马，又强行命令大军以急行军的速度直奔罗国。

这一系列的骚操作，让楚军将士个个疲惫不堪，怨声载道，士气低落。

但是，屈瑕无视这一切，在他看来，即使楚军现在是一支疲惫之师，以楚军的强大实力，也能攻下小小的罗国。

回顾之前的蒲骚之战和绞都之战，都是楚军跟敌人一对一单挑，最后都没有悬念地获胜了。

罗国很明显吸取了郧国、绞国单兵作战的惨痛教训。

现在，楚军来到了罗国都城外。不可一世的屈瑕命令楚军全力攻打罗国都城。

罗国的城墙十分高大坚固，楚军攻打的时候，付出了惨重的代价。

等到楚军十分疲惫的时候，突然，一支生力军从背后杀了过来。

这支军队，是卢戎。

少数民族军队，作战向来十分野蛮且强悍，他们朝着前面那支疲惫不堪的楚军，左冲右突，将楚军杀得七零八落。

这个时候，罗国都城的城门开了，罗军从里面杀了出来，又是一顿西瓜乱切。

在罗军和卢戎的左右夹击下，楚军全军崩溃，四散溃逃。

屈瑕这个时候才终于清醒过来，他为自己的骄傲自负付出了惨重的代价。

他是立过军令状的，如果伐罗失败，他将被处以极刑。就算他是王子，身份尊贵，在铁面无私的老爹面前，他也免不了一死。

他自知这次惨败，责任完全在自己。再多的后悔也没什么用了。

作为王子，他决定，给自己保留最后一丝尊严。

让自己去丹阳接受全体大臣的审判和责难，那对他来说，是一种巨大的羞辱。

他苦笑一声，丢下大军，一个人跑到荒谷里，找了一棵大树，上吊自杀了。

按照楚国规定，外出征伐的统帅死了，下面的将领一个也逃不掉，都必须要承担责任，要么杀头，要么坐牢。

败军回国后，所有的将领都被囚禁起来，等待熊通的处置。

但熊通没有处置他们，而是把此次战败的责任揽到自己身上。他认为，屈瑕之所以骄傲自负，以致兵败自杀，完全是自己平时教导无方，跟将领们没有关系。

他下令，释放所有被囚禁的将领。

但是，他也暗暗发下誓言：一定要灭掉罗国，为儿子报仇，为那些死难的楚国将士报仇！

八年以后，也就是公元前691年，熊通率领大军攻打罗国。

为什么八年之后才来攻打罗国呢？

最主要的原因是，自从上次击败楚军后，罗国国君骄傲自大，自以为天下无敌，从此骄奢淫逸，沉迷享乐，不理朝政大事，也不去跟周边的诸侯国搞好外交关系，建立攻守同盟，导致罗国陷入了孤立状态。

这一次，没有任何悬念，楚军彻底灭掉了罗国，将罗国国君砍头示众。

罗国被灭后的第二年，也就是公元前690年，一个人影悄悄地从随都出发，前去洛邑朝觐周天子。

这就是随侯。

这个时候的周天子，已经不是周林了。周林已于公元前697年驾崩，此时在位的，是周林的儿子周佗。

对于当年熊通称王，周林一个屁也没放，碍于自身实力，只能把

那份耻辱憋在心里。

　　周佗比老爹水平差得多，就更加不敢对熊通称王指手画脚了。

　　怕硬，他是默然承认的；欺软，他是无所顾忌的。

　　现在，随侯来朝觐他，他就把一腔怒火全都发泄在随侯身上，指责随侯对周王室不忠，不该臣服于楚国。

　　随侯很羞愧，毕竟领着周王室的薪水去帮楚国打工，这种事说出去是很丢人的。他可以感觉到，此时此刻在朝堂上，所有大臣都向他投来鄙视的目光。

　　他当即向周佗表态，以后一心一意忠于周王室。

　　回到随国后，他虽然没有公然与楚国断绝盟友关系，但很明显，他对楚国变得十分冷漠起来，楚国有使臣到来，他也不亲自接见了。

熊通见状，十分生气，他决定，起举国之兵，再对随国发动一次大规模的战争。

为了彻底击败随国，熊通发明了一套新的阵法，这个阵法的名字叫"荆尸"。

荆尸到底是个什么样的阵法，史料没有详细说明。但可以肯定的是，这一定是一套特别有针对性的、战斗力十分强悍的阵法。

出于对这套阵法的自信，公元前690年3月，熊通亲自率领大军攻打随国。

就在出发前，按惯例准备斋戒之时，他忽然感到一阵心慌。

这年的熊通，已经七十多岁了，执政已五十一年。

虽然他神勇无比，身体一向很健朗，但是，他也有一丝不祥的预感。

他把心慌的症状告知了他的王后邓曼。

邓曼对丈夫的身体状况可谓了如指掌。她强烈地意识到，丈夫只怕不久于人世了。

但是，她并没有因此建议丈夫取消战事、留在丹阳休养生息，她太了解丈夫了，她知道丈夫作为楚国君主兼将军，最崇高的荣誉就是战死沙场，马革裹尸。

因此，她只对丈夫说了一句话："如果军队没有什么损失，而君王死在行军途中，这就是国家之福。"

熊通微微一笑："知我者，邓曼也。"

随后，他率领大军，以雷霆之势，攻打随国。

决战在随国境内的下溠（zhà，今湖北省随州市唐县镇）展开。

随国不愧是汉阳诸姬里最强大的诸侯，面对楚国的优势兵力，虽然一直处于下风，但也始终没有让楚军占到便宜。

战争陷入了胶着状态。

楚军是客场作战，后勤补给是最大的问题，所以不能打持久战。

为了速战速决，熊通每天跟军事将领们商议到深夜。

愤怒、焦虑、急躁……这些负面的情绪每时每刻都像子弹一样射向熊通的体内。更何况，他已经是一个七十多岁的老人了。

终于他被一场突如其来的大病击倒了。

很快，他便死于左军大营。

最高统帅已死，再打下去已经没有意义了，现在必须撤军回楚国了。

但是，如果立刻撤退，势必引起随国的警觉，随国趁着楚军大丧之时，从后面追击，楚军必定溃败。

这个时候，新令尹斗祁和新莫敖屈重两位镇国柱石发挥了他们冷静的智慧。

他们秘不发丧，同时下令工程兵开掘通往随都的新路，并在溠水修筑桥梁，在随国境外建筑无数的营垒。

这给了随国一个错觉：楚军将要跟随军打一场持久战，直到灭掉随国为止。

随国人终于恐惧了，他们忙派使臣前来求和。

屈重以楚王首席代表的身份，昂首挺胸地走进随都，跟随国签下了新的盟约，盟约的内容很简单，就是从此之后，随国永不背叛楚国。

为了让随国人不背弃这份来之不易的盟约，屈重决定邀请随侯看一样东西。

随侯跟着屈重来到了汉水转弯的地方。在那里，他看到了屈重特意为他准备的一场隆重威武的阅兵仪式。

看到楚军的赫赫威仪之后，随侯下定决心，抛弃周王室，从此死心塌地地臣服于楚国。

斗祁、屈重笑了，他们的目的达到了。

告别随侯之后，斗祁、屈重率大军渡过了汉水，然后才公布了熊通的丧事。

熊通去世后，整个华夏大地，再也没有所谓的小霸主了。

没有伟大英雄的时代，未免有些寂寞和无聊。

时光如同长江之水，滚滚向前，很多事物都在发生着新的变化。

熊通去世五年后，一个年轻人经历了生与死的考验，以百米冲刺的速度，跑进了齐国都城临淄，然后在大臣们的拥立下，成为齐国第十六任君主。

这个年轻人的即位，正式宣告了一个全新时代的到来。

"三小霸"的时代，是一个挑战王权的时代。

而现在，是一个尊王攘夷的时代。

高举尊王攘夷大旗的，正是294年的春秋历史上第一位真正意义上的伟大霸主——齐桓公吕小白。

敬请期待
《史记这么读才有趣·齐桓争霸》

捧读文化
触及身心的阅读

出 品 人	张进步　程　碧
责任编辑	黄　伟
特约编辑	张浩淼
内文插画	大　杨
装帧设计	吉＆果
内文排版	张晓冉